鴨志田聡子

現代イスラエルにおけるイディッシュ語個人出版と言語学習活動

三元社

現代イスラエルにおけるイディッシュ語個人出版と言語学習活動 ◉ 目次

はじめに 7

序章 ● 11

イディッシュ語について 11
超正統派ユダヤ教徒のイディッシュ語 14
現代イスラエルにおける東欧系ユダヤ人の位置づけ 15
先行研究と本書の位置づけ 19
調査について 20
引用と表記の基本方針 24
本書の構成 27

I イスラエルにおける「死にゆく言語」の現状 ● 29

1.1 イスラエルの主な言語とイディッシュ語 29
1.2 「死にゆく言語」のための学校教育 36
1.3 日常生活からかけ離れたイディッシュ語 40
　[1] イディッシュ語で子育てする世俗ユダヤ人 40
　[2] 国会における「イディッシュ文化の日」 43
1.4 研究、教育、文化活動におけるイディッシュ語 46
　[1] 国立大学における研究と語学教育 46
　[2] 非営利団体「若きイディッシュ」 48
　[3] 劇団「イディッシュピール」 51
1.5 話者の残された空間 54
　[1] 「イディッシュ文化会」 54
　[2] 「労働者の輪」 59
　[3] イディッシュ語専門書店「ペレツ出版」 62
　[4] イディッシュ語新聞『前進』と『最新ニュース』 64
本章のまとめ 66

II 縮小再生産を続けるイディッシュ語個人出版 ● 69

- 2.1 個人出版の特徴と調査　69
- 2.2 時代の変遷と個人出版　71
- 2.3 個人出版の展開　73
  - [1] 第一期　1948（独立）〜1950年代　73
    - a.『イラスト週間新聞』*Ilustrirter Vokhnblat*（1948〜1949）　73
    - b.『最新ニュース』*Letste Nayes*（1949〜2006）　74
    - c.『黄金の鎖』*Di Goldene keyt*（1949〜1997）　77
    - d.『人生の問い』*Lebns-fragn*（1951〜）　78
    - e.『若きイスラエル』*Yung Yisroel*（1954〜1957）　80
  - [2] 第二期　1970年代　82
    - f.『我が家で』*Bay zikh*（1972〜1989）　82
    - g.『エルサレム年鑑』*Yerusholaymer Almanakh*　第Ⅰ期（1973〜1998）　83
  - [3] 第三期　2000年代　84
    - h.『エルサレム年鑑』*Yerusholaymer Almanakh*　第Ⅱ期（2003〜）　84
    - i.『コロン』*Toplpunkt*（2000〜）　87
- 2.4 出版人とイディッシュ語　88
  - [1] モルデハイ・ツァーニン　89
  - [2] イツハク・ルーデン　98
  - [3] ベラ・ブリクス＝クレイン　99

本章のまとめ　101

Ⅲ 「魂」のための言語学習 ● 103

- 3.1 イディッシュ語学習活動について　103
- 3.2 イディッシュ語を学ぶ理由　104
- 3.3 「魂」に象徴される言語学習　106
- 3.4 私的空間における学習活動　109

［1］読書会の概要　109
　　　［2］題材と構成　111
　　　［3］主催者の理想と現実　113
　　　［4］参加者への聞き取り調査　114
　　　　　a.　リフカ・コーヘン　115
　　　　　b.　シュロモ・レルマン　116
　　　　　c.　ノエミ・レルマン　118

3.5　公的空間における学習活動　118
　　　［1］テルアヴィヴ大学のイディッシュ語夏期講座　119
　　　　　a.　ゴールドライヒ協会と夏期講座　119
　　　　　b.　主催者の個人的体験と夏期講座の始動　120
　　　　　c.　寄付者について　121
　　　　　d.　受講生について　122
　　　　　e.　2007年の夏期講座の日程と内容について　124
　　　　　f.　講師について　126
　　　［2］「ショレム・アレイヘム・ハウス」の市民講座　128
　　　［3］ヘブライ大学における語学授業　130
　　　　　a.　ハナン・ボルディン　132
　　　　　b.　オレン・ロマン　133
　　　　　c.　サミュエル・バルナイ　134

本章のまとめ　135

結論　● 137

おわりに　141
注　146
参考文献　158
イディッシュ語関連年表（1882～2009）　170

はじめに

　イディッシュ語は文法や語彙がドイツ語によく似た言語である。ただしヘブライ語やアラム語、スラヴ諸語や英語などの語彙その他の要素も含んでおり[1]、ヘブライ文字で書かれる。ユダヤ人[2]独自の言語であるが、長年ドイツ語の方言として扱われてきた。

　アメリカのイディッシュ語学者として最も著名なひとりマックス・ヴァインライヒは、1945年にイディッシュ語が方言と見なされる状況から、「言語とは、陸軍と海軍を備えた方言である[3]」と、方言が言語に「格上げ」されるには軍隊つまり国家権力の後ろ盾が必要なだけだと皮肉った。「言語」も「方言」もそれ自体は同等で実質的な区別がないことを意味している。

　21世紀初頭の現在では、イディッシュ語は言語学の領域でも一般的にも、言語として扱われる。ただし1945年と比較して話者数は激減した。背景にはナチスによるユダヤ人虐殺、ユダヤ人の移住した地域における言語的な同化、現代ヘブライ語[4]（以下、基本的にヘブライ語と記す）がイスラエルの公用語となったことがある。

　現在でもイディッシュ語を日常生活で話すのは、ユダヤ教の教えを遵守する超正統派ユダヤ教徒の一部と、子どもの頃からこの言語を話していた高齢者、そしてごく少数だが、イディッシュ語だけで話すことを試みる超正統派でないユダヤ人である。その他の人々の間では、イディッシュ語は日常生活ではほとんど使われておらず「死にゆく言語」と見なされている。

　イディッシュ語について筆者は、超正統派に属さないユダヤ人による学習活動に注目して調査を進めた。2003年から2008年にかけて、リトアニアやアメリカ、そしてイスラエルで行われた夏期講座で自らもイディッシュ語を学び、参与観察した。参加者のほとんどは欧米やイスラエルに住む話者の子

孫で、「自分らしさ」を求めて言語を学習しているようであった。中でもイスラエルからの参加者は、ユダヤ人の国で日常的にユダヤ人の言語であるヘブライ語を使用していてもなお、どこか満たしきれない東欧系ユダヤ人としての感覚をもっているようであった。

イスラエルにはイディッシュ語を母語として話す高齢者もまだ存命である。話者たちは公共の場ではヘブライ語を話しつつ、知人や友人とはイディッシュ語で話してきた。彼らは出版活動を展開し、書き言葉でも交流してきた。

学習者と話者のそれぞれの活動を観察すると、イディッシュ語が言語であれ方言であれ、人々を結びつけていること、当事者にとってはかけがえのない存在であることがわかった。本書は、独立後のイスラエルにおけるイディッシュ語がたどった経過や現状と、継承の取り組みやそこに生じる課題についてまとめたものである。

本書では、イディッシュ語話者の活動を調べるためにイスラエルで発行されたイディッシュ語の新聞や雑誌を、イディッシュ語話者の子孫の活動を調べるためにその言語の学習活動を分析対象とした。

イディッシュ語の新聞や雑誌は現物が残っており出版人が存命である。当事者と直接会うと執筆や編集に携わる出版人は、イスラエルにおいてイディッシュ語で定期刊行物を出すこと自体に強い思い入れをもっていることがわかってきた。出版活動が商業的に成功していた時期もあったが、それはごく限られた期間だったようである。それ以外は寄付や出版人と読者の「手弁当」的な活動によって支えられていたようで、それらが単なる商業出版とは区別すべき独特の形態で運営されていることがわかってきた。そのため本書ではそれらを「個人出版」と呼ぶ。これは個人やそれに準ずる比較的小規模の組織が運営し、それを担う中心的な人物の信念や情熱が主たる原動力となっている出版活動のことを指す。

イディッシュ語の学習活動の調査で対象としたのは、私的に行われている読書会と、公的に行われている市民講座、そして大学での語学講座である。読書会や講座において参加者は、先祖がイディッシュ語を話していた「同

志」と共に文学の朗読に耳を傾けることで東欧系ユダヤ人の文化を感じ、その言語の微妙な意味合いや思い出を共有することに意義を見いだしていた。

教師や学習者のこの活動への思い入れは強く、時にはイディッシュ語をかけがえのないものだとして、「魂」に通じる言語だと表現することもあった。

当初筆者は個人出版と学習活動にかかわる人々は、密接に連携しているだろうと予測していたが、学習活動でイスラエルの個人出版はほとんど読まれず、個人出版やその発行母体の活動に学習者はほとんど参加していなかった。個人出版活動と学習活動の乖離の原因はどこにあるのかについても、以下で探っていく。

序章

イディッシュ語について

　イディッシュ語の成り立ちについては諸説あるが、ここではイディッシュ語の研究者たちに重要視されているWeinreich（1973）、イディッシュ語についての諸研究をまとめたHarshav（1999）や上田（1988）、文学についてまとめたNoverstern（2007e, f）を主に参照する。

　「イディッシュ」とは、イディッシュ語で「ユダヤの」や「ユダヤ語」という意味である。イディッシュ語は、ヘブライ文字を使用すること以外はラテン文字で書かれるドイツ語に文法や語彙といった点で非常に似ているが、ユダヤ人独自の言語である。ユダヤ人は世界各地において、自分たちの生活に便利なように、中世のドイツ語を母体とし、古典ヘブライ語とアラム語、東欧でスラヴ諸語、さらにアメリカやイスラエルで英語や現代ヘブライ語の語彙などを取り入れてこの言語をつくり上げてきたのである。

　イディッシュ語は、現在のドイツに位置するライン川流域に移住してきたユダヤ人が、紀元千年頃から話し始めた言語である。その後、東欧への移住や、18世紀後半から始まったユダヤ啓蒙主義（ハスカラ）の影響で中欧の話者は減り、イディッシュ語は東欧を中心に話されるようになっていった。

　東欧には啓蒙主義が中欧から遅れて伝わり、活動はヘブライ語と並んで大衆向けにイディッシュ語で行われた。もともと大衆に話されていたイディッシュ語だったが、これをきっかけに書き言葉も広まった。

19世紀末からユダヤ人が北米、南米、パレスチナなどに移住した。彼らは英語、スペイン語、ヘブライ語など、移住先の言語を使うようになったが、ユダヤ人同士ではイディッシュ語を話し続けていた。19世紀末から東欧で結成されたユダヤ人労働者総同盟ブンド（Ⅰ章5節［2］「労働者の輪」参照）もイディッシュ語の使用を促進し、1908年には知識人や文学者がチェルノヴィッツ（現ウクライナのチェルニウツィ）でイディッシュ語のための言語会議[1]を開催するなど、言語の地位を向上するための活動がなされた。しかし19世紀末からのシオニズムと強いつながりを持ったヘブライ語主義は、ユダヤ人の言語としてのヘブライ語の地位を高め、20世紀前半にはイディッシュ語よりもヘブライ語が優位となっていた。

　1925年にヴィルナ（当時ポーランド領で、現在はリトアニアの首都ヴィリニュス）に、東欧系ユダヤ人の歴史と文化の研究を目的に東欧ユダヤ学術研究所YIVO（イヴォ）が創設された[2]。

　1930年代のパレスチナでは、ヘブライ語がユダヤ人の間で他の言語より優勢になっていた。さらに20世紀半ばに起こったホロコーストではイディッシュ語話者の多くが犠牲になり、話者人口は激減した。しかも、その後イディッシュ語は、ユダヤ人の離散やホロコーストの歴史を思い起こさせる言語であると忌み嫌われるようになった。

　1948年にイスラエルが独立すると、ヘブライ語とアラビア語が公用語とされ、ユダヤ人の移民に対して盛んにヘブライ語教育がなされた[3]。イディッシュ語は当時まだ話者が多かった点で、ヘブライ語の使用拡大を阻害する脅威と考えられ、政府は話者にイディッシュ語を使用しないよう圧力をかけた[4]。

　そのため建国初期からすでに、話者たちは家庭内で子どもとはヘブライ語で話していたようである。自分の子どもがイディッシュ語のアクセントでヘブライ語を話さないようにと配慮したのである。これは、Ⅱ章4節「出版人とイディッシュ語」で述べるように、個人出版に力を注いだ人物ですら子どもとはヘブライ語で話したことに象徴的である。

　イディッシュ語には、話し言葉だけではなく書き言葉としての伝統もある。

イディッシュ語の新聞や雑誌は、東欧系ユダヤ人の間での情報伝達に使われてきた。さらに創作活動も活発に行われ、詩や小説、戯曲などのさまざまな作品が書かれてきた。19世紀末までは宗教的な作品が、20世紀初頭からは東欧やアメリカにおける文学の近代化に伴い、世俗的作品が盛んに書かれた。それらは英語をはじめとしたさまざまな言語に翻訳され、世界的に知られている。日本でもショレム・アレイヘム[5]の小説『牛乳屋のテヴィエ[6]』（1895年）が原作のミュージカル『屋根の上のバイオリン弾き[7]』は広く知られている。検閲や社会的風潮を気にせず、自由に創作することが可能であったニューヨークは、イディッシュ文学にとって最も重要な拠点のひとつとなった[8]。

しかし第二次世界大戦後は、読者はもとより作家自身が戦争体験者であったことからイディッシュ語での創作活動には苦悩がつきまとい、イディッシュ語ではなかなか文学が書かれなくなっていった。これに加えてイスラエルではヘブライ語が公用語になり、人々はますますイディッシュ語から遠ざかっていった[9]。話者減少に伴って、保護や研究などの場を除いてはその機会は減る一方である。

1978年には、アメリカからノーベル賞作家が登場したが、イディッシュ文学が発展した当地においても、すでにイディッシュ語は「死にゆく言語」と見なされていたようである。ノーベル文学賞の受賞演説で作家アイザック・バシェヴィス・シンガー[10]は次のように述べている。

> 人々が私にしばしば尋ねます。「なぜあなたは死にゆく言語で書くのですか？」〔……〕イディッシュ語は死にゆく言語かもしれません。しかし、それは私がよく知っている唯一の言語です。イディッシュ語は私の母語で、母というのは永遠に生き続けるのです[11]。

21世紀初頭現在のイディッシュ語の主な話者は、後述する超正統派ユダヤ教徒の一部や、幼い時に家庭などで言語を習得した一部の高齢者と、日常的にイディッシュ語を話すことを試みる教育者や学習者である。1986年の

データで、話者数は約21万5千人[12]だった。21世紀初頭の話者数のデータは、筆者が調査した限りでは見つからなかったが、イディッシュ語の保護が行われている状況や話者の活動が縮小している状況から、少なくとも超正統派でない話者は、1986年より減少していると考えられる。

　話者たちは高齢化しており、この言語がその子孫に引き継がれることはほとんどないようである。イディッシュ語は、大学や学校、市民講座などで一部の人々に学習されているものの、日常の生活の中で使用することが可能な水準までの運用能力を身につける者はごく限られている。イディッシュ語運用能力を身につけられた者がいても話し相手は非常に少ない。

超正統派ユダヤ教徒のイディッシュ語

　超正統派ユダヤ教徒[13]におけるイディッシュ語についてもここで触れておく。超正統派ユダヤ教徒とは、現代社会においてユダヤ教の聖典に基づく律法を厳格に遵守しながら生活する人々である。彼らはヘブライ語を「聖なる言語」と理解しているため、日常の言語として使うことをゆゆしき事態だと考えている。そのため超正統派の中でもサトマール[14]など一部の宗派は、21世紀現在でも宗教儀礼ではヘブライ語を、日常生活ではイディッシュ語を使っているとされている。

　しかし筆者が現地調査したかぎりでは、超正統派ユダヤ教徒においては男性と女性で受ける教育が異なるため、男性の間では宗教教育の中でイディッシュ語が継承されているものの、女性の間ではとくにイディッシュ語の書き言葉はほとんど継承されておらず話者も減少傾向にあるようだった。

　10代前半の少女たちにイディッシュ語を教えている超正統派ユダヤ教徒の女性[15]によれば、女性たちにはイディッシュ語は以前のように継承されていないという。少女たちはイディッシュ語を家庭で聞いて育っても、男性と異なり読み書きする機会が少ない。家庭の外では現代ヘブライ語に接する機会の方がむしろ多いようである。そのため少女たちは次の世代に継承するほどはイディッシュ語を習得できないという。このような状況から女性教師は、イディッシュ語の語学教師を育成するために文法や語彙を教えている。授業

を観察すると、少女たちはイディッシュ語よりもヘブライ語の方が得意なようで、教師への質問はヘブライ語が主だった。超正統派ユダヤ教徒においてもイスラエルで不自由なく生活するためには、現代ヘブライ語が必要なのであろう。

イスラエルの超正統派ユダヤ教徒の間でも、特に印刷物を中心に現代ヘブライ語が使われ、教育の場でも特に女子にはイディッシュ語とヘブライ語が併用されているようだ。ただし、世界各地に居住している他の超正統派ユダヤ教徒とのやり取りの際の共通言語としてイディッシュ語を活用しているという。話者が少ないイディッシュ語で情報交換すれば、超正統派ユダヤ教徒以外に情報がもれないという大きな利点がある[16]。

超正統派ユダヤ教徒のイディッシュ語使用については、Berman-Assouline（2007）などの先行研究がある。筆者は彼らの多くが外界からは隔絶された生活をおくっていることから、内部の調査は困難だと判断し、本書では扱わないことにした。

現代イスラエルにおける東欧系ユダヤ人の位置づけ

本書の対象とする年代は、基本的にイスラエルが独立した1948年から2009年までの約60年間とする。イスラエルは中東に位置し、地中海に面しており、陸続きでレバノン、シリア、ヨルダン、エジプト、パレスチナ自治区と接している。

本書の研究対象とする人々が、イスラエル社会でどのような位置にあるかを示すために、イスラエル中央統計局による2009年末の人口統計（CBS 2010）を参照し、図表を作成した。

イスラエルの地図

エルサレムは内陸部、テルアヴィヴは地中海沿いに位置する。筆者作成。

序章　015

表0-1と図0-1に示したように、2009年末の総人口約755万人のうちユダヤ人が約570万人と圧倒的多数で全体の約76%を占めており、次いでアラブ人が約154万人で全体の約20%にあたる。その他が約31万人で全体の約4%である。
　宗教別の人口は表0-2の通りである。全人口約755万人のうち、ユダヤ教徒が約570万人で全体の約76%と最も多い。次いで多いのがイスラム教徒で、約129万人と全体の約17%を占める。キリスト教徒は約15万人と全体の約2%で、うちアラブ人のキリスト教徒が約12万人[17]を占めている。ドゥルーズ教徒は約13万人で全体の約1.7%である。宗教的多様性はあるが、ほとんどをユダヤ教徒とイスラム教徒が占めていることがわかる。
　ドゥルーズ教徒とは、レバノンを中心とする民族（または宗教）集団で、一部はイスラエルやシリアにも住んでいる人々である。イスラム教の一派と見なされることが多いが、ドゥルーズ教徒もその他のイスラム教徒もお互いの宗教を区別しているようである[18]。イスラエルでは主に北部に集住しており主にアラビア語を話している。
　表0-1と表0-2のユダヤ人の人口とユダヤ教徒の人口は一致している。一方で、アラブ人の人口は、イスラム教徒、キリスト教徒、ドゥルーズ教徒に分けられる。
　表0-3[19]によればイスラエルのユダヤ人の出生地は、ユダヤ人約566万人のうち、イスラエル生まれが約403万人で約71%を占める。ただし、そのうち父親もイスラエル生まれの者の数は、約半数の約215万人にとどまり、残り約半数は父親が国外で生まれている。母親の出生地についてのデータはなかったが、母親が国外で生まれたというユダヤ人も含めれば、イスラエルに移民の子どもの割合が多いことがより鮮明になるだろう。国外で生まれたイスラエル人は、約162万人でユダヤ人全体の約29%にあたる。これらのデータから、イスラエルが移民によって構成されているのがよくわかる。
　イスラエルの国外生まれのユダヤ人約162万人のうち、約68%にあたる約110万人がヨーロッパ・アメリカ出身である（表0-4）。それ以外にモロッコ、アルジェリア、チュニジア、エチオピアなどのアフリカ出身が19%で、

表 0-1
イスラエルのユダヤ人と非ユダヤ人の人口（2009年）

	人口（千人）
合計	7,552.0
ユダヤ人	5,703.7
アラブ人	1,535.6
その他	312.7

"2.1.Population, by Population Group"（CBS 2010: 85-86）をもとに筆者作成。

図 0-1
ユダヤ人と非ユダヤ人の人口比（2009年）

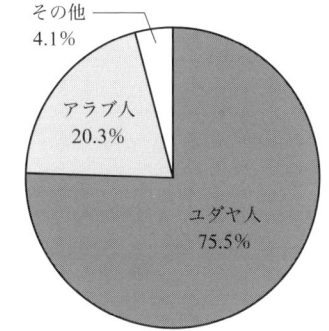

"2.1.Population, by Population Group"（CBS 2010: 85-86）をもとに筆者作成。人口比を四捨五入しているため、合計が100になっていない。

表 0-2　イスラエルの宗教別人口（2009年）

	人口（千人）
合計	7,552.0
ユダヤ教徒	5,703.7
イスラム教徒	1,286.5
キリスト教徒	151.7
ドゥルーズ教徒	125.3
その他	284.8

"2.2. Population, by Religion"（CBS 2010: 87-88）をもとに筆者作成。

図 0-2　宗教別人口比（2009年）

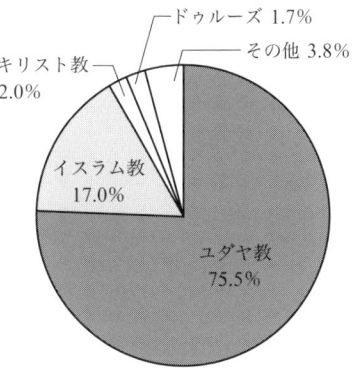

"2.2. Population, by Religion"（CBS 2010: 87-88）をもとに筆者作成。

序章　017

表 0-3

イスラエルのユダヤ人の出生地（2009年平均）

	人口（千人）
合計	5,656.3
イスラエル	4,032.6
（うち、父親がイスラエル	2,149.4）
（うち、父親が国外	1,883.2）
国外	1,623.7

"2.25. Jews, by Continent of Origin, Sex and Age"（CBS 2010: 152）をもとに筆者作成。2009年の平均人口をもとにしているため、合計が5,703.7千人となっていない。

図 0-3

イスラエルのユダヤ人の出生地（2009年平均）

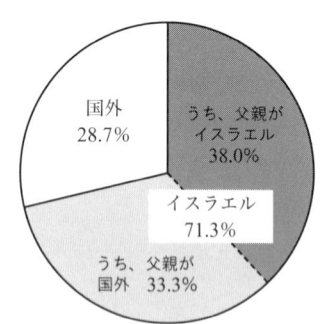

"2.22. Jews, by Continent of Origin, Sex and Age"（CBS 2010: 152）をもとに筆者作成。

表 0-4

国外生まれのユダヤ人の出身地（2009年平均）

	人口（千人）
合計	1,623.7
ヨーロッパ・アメリカ	1,102.2
アフリカ	316.5
アジア	205.1

"2.24. Jews, by Country of Origin and Age"（CBS 2010: 156）をもとに筆者作成。四捨五入をしているため、出身地ごとの人口を合わせたものと合計値は一致していない。

図 0-4

国外生まれのユダヤ人の出身地（2009年平均）

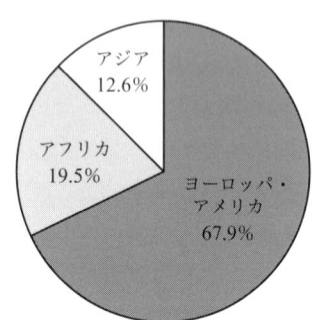

"2.24. Jews, by Country of Origin and Age"（CBS 2010: 156）をもとに筆者作成。

イラン、イエメン、イラク、トルコなどのアジア出身が13%である。

　ちなみに、ヨーロッパ・アメリカ出身者約110.2万人の過半数にあたる約65.8万人を特に旧ソ連出身者が占めている。次にルーマニア出身の約9.2万人、北米・オセアニア出身の約8.6万人、ポーランド出身の約5.4万人と続く[20]。旧ソ連を含め東欧出身者が多いが、北米やオセアニア出身者の中にも東欧系ユダヤ人が含まれている。本書で扱う東欧系ユダヤ人は、国外生まれのイスラエル人の多数派を占めていることがわかる。

先行研究と本書の位置づけ

　筆者は、研究の初期にイディッシュ語についての社会言語学的研究であるFishman ed.（1981）やFishman ed.（1991b）などから影響を受けた。存続が危ぶまれる言語についての理論的、実践的研究についてはFishman（1991a）やTsunoda（2005）などを参照した。

　イスラエルのイディッシュ語についての研究は年代順に、公立学校での授業についての記録Szeintuch（1967, 1977）、話者減少の政治的社会的背景についての分析Fishman and Fishman（1978）、多言語状況と言語政策についての解説Spolsky and Shohamy（1999）、言語教育史Bogoch（1999）、出版史を参照した言語的地位の分析Rojanski（2004, 2005a, 2005b）、新聞におけるイディッシュ演劇の批評分析Rotman（2004）などが挙げられる。イスラエルにおけるイディッシュ語の状況は、東欧系ユダヤ人らによっていわば自己分析的な調査がされているのが主である。超正統派ユダヤ教徒のイディッシュ語についての研究にはIssacs（1998, 1999）、Berman-Assoulin（2007）などがある。

　イディッシュ語は日本でも紹介、研究されてきた。田中（1981）はイディッシュ語を社会言語学的観点から紹介した。言語の研究としては、上田による文法の解説（1985）、言語の概説（1988）、辞書の編纂（2010）がある。また、歴史や文化、文学については西（1995）や上田（1996）で紹介されている[21]。

　沼野 編（1999）で、ユダヤ人の歴史、宗教、生活、文化、文学など、多

方面から取り上げられていることからもわかるように、日本において、ユダヤ・イスラエルについての研究は、さまざまな分野の専門家たちによって、幅広く行われてきた。詳細は市川（2009: 付録37-47頁）などを参照されたい。

地域研究としては国際関係、政治、イデオロギー、国民国家など、さまざまな側面からの議論が存在する[22]。個人出版や言語学習も、国家との距離を保ちつつ、常にその枠組みから逃れられない状況で展開されてきた。それゆえ本書も地域研究のサブトピックとして位置づけられるだろうが、筆者はあえて政治やイデオロギーの議論から距離を置くことにした。イスラエルのイディッシュ語話者と子孫の日々の営みに注目して本書をまとめることで、イスラエルのユダヤ人社会をミクロの視点から理解することができると考えたからである。政治やイデオロギーを意識した議論は、今後の課題としたい。

調査について

現地調査は、2006年8月から2008年1月と、2008年8月から9月に、エルサレムとテルアヴィヴで実施した。エルサレムは宗教と政治の中心地で、一方テルアヴィヴは経済の中心地である。イスラエルの二大都市[23]で、人口が多く、他の都市と比較してイディッシュ語話者や学習者も多く住んでおり集会なども行われていた。

ICレコーダーで録音しての聞き取り調査はのべ27人に、イディッシュ語、ヘブライ語、英語のいずれかの中から、筆者と相手にとって話しやすい言語で実施した。それ以外も関係者と電子メールや手紙、電話などで連絡を取り合った。

個人出版にかかわった人やその家族については、現地の研究者や話者の紹介によって面会が可能となった10人に聞き取りをした。さらに話者が開く集会にも参加することで、出版人同士の交流を観察し、彼らと個別に会って話を聞く機会を得ることができた。

刊行物は、新聞と雑誌を対象とした。これは現地調査や事前の文献調査から、出版人が定期刊行物にこだわっていることがわかったためである。個人出版ゆえか、発行部数や読者数などの正確なデータは残されておらず、出版

統計などをもとにした分析は本書では行わない。代表的な刊行物を抜粋し刊行年代ごとに分類することによって、大きな時代の潮流をつかみ、言語学習活動と照合することを重視した。文献の詳細な調査を行い本書の議論を深めることは今後の課題としたい[24]。

言語学習活動についての調査では、学習者や講師33人に事前質問票（図0-5）を配布し社会的背景を記入してもらった。そして来歴などを参考に選んだ17人について聞き取り調査を実施し、イディッシュ語と彼らのかかわりについて質問票にそって話してもらった。

録音は合計で25時間ほどで、短い場合は20分程度、長い場合は2時間以上におよんだ。聞き取りした場所は、彼らの自宅や職場、喫茶店、筆者の下宿先などである。可能な限り相手の希望する場所で実施した。個人への聞き

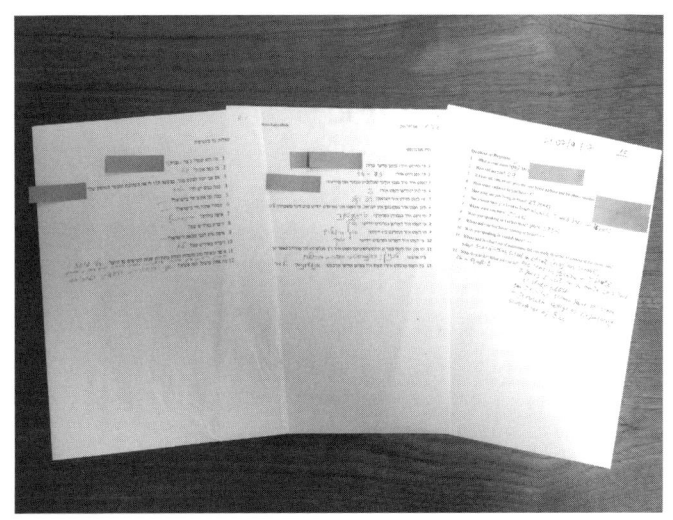

図0-5　質問票の一例

左から、ヘブライ語、イディッシュ語、英語の質問票。読書会や講座で知り合ったイディッシュ語学習者に、年齢や生まれた場所、イスラエルに移住した年、イディッシュ語との関係、職業などについて記入してもらった。

序章　　021

取り調査の他にも、9つのイディッシュ語の集会や授業などを1回から4回、合計約12時間半録音した。

　情報提供者の個人名について、フィールド調査ではプライバシー保護の観点から、匿名化するのが一般的な方針であろう。しかし筆者は本書を執筆するにあたり、調査した人々と広い意味での共同作業をし、自らの視点を通して文章化した。そのため、問題がない場合にはなるべく実名で掲載した方がよいのではないかと考えた。彼らに実名を記してもよいかと尋ねてみると、ほぼ全員から承諾を得ることができた。しかも多くの場合は彼ら自身がそれを望んでいることがわかった。それは単に外国で出版される本に自分の名前が掲載されるのを喜んでいるのではなく、他者に知られる機会がなかった自らの考えや記憶、そして言語が、広く世界の人々に知られることを望んでいるからである。

　調査時に録音を拒否されたことはなかったが、非常に私的な情報が話された場合には筆者の判断で録音しなかった。またユダヤ教の規範において働くことが禁じられている安息日（シャバット）には録音やメモをとることはせず、その後思い出せる範囲で記録した。

　個人出版については、まずLuden（1996）に掲載されている新聞や雑誌をもとに、イスラエルにおける個人出版のリストを作成した。2008年8月から9月にかけて現地で聞き取りをし、エルサレム・ヘブライ大学（以下、ヘブライ大学）や「労働者の輪」などで新聞と雑誌を調査した。他に出版人が寄贈してくれた本やインターネット上で公開されている資料を調べた。文献でわからなかったことは出版人や研究者などに聞いて補い、また文献にあたることを繰り返した。

　調査分析の方法は永嶺（1997）、Nekvapil（2003）、Peltz（1998）に手掛かりを得た。永嶺（1997）は、文化史研究のFebvre（1958）やChartier（1997）に代表される読書の社会史研究の流れを汲み、昭和期の雑誌の読者について、現存する雑誌記事、読者欄、広告、批評などを収集して考察を重ね、日本の大衆向け活字メディアの読者層を推測し、その変遷を調査している。

イスラエルにおけるイディッシュ語の新聞や雑誌は図書館や関係団体に残されている上、その出版活動を知る人々が存命であり調査に協力的であった。筆者はまず大まかな個人出版の流れを把握することに専念するため、資料には限られた時間の中でできるかぎり網羅的にあたったが、関係者らの助言を得て、そこから対象とする刊行物を取捨選択した。イスラエルにおけるイディッシュ語話者の半世紀あまりの経緯を追うことに、この方法は有効だったと考えている。

　Nekvapil（2003）は、チェコ共和国に居住するドイツ語話者の言語とのかかわりについて聞き取りし、話者ごとの「言語経歴[25]」を作成した。そこから、その地域のドイツ語の動態を明らかにしている。本書ではこれを参考に個人出版に携わってきた人々や学習活動にかかわる人々の言語経歴を調査し、イスラエルにおけるイディッシュ語の動態を明らかにすることを試みた。

　Peltz（1998）は、アメリカの南フィラデルフィアにおけるユダヤ人のイディッシュ語学習活動の現状と背景について参与観察し、彼らの高齢化とイディッシュ語学習との関係について分析した。アメリカのイディッシュ語集会の調査の研究として代表的なものである。集会の参加者は、高齢化して病や死と向き合う中で、同じような境遇にある移民ユダヤ人とのつながりを求める傾向があるようだ。同じ歴史を歩んできた者同士の精神的なつながりが得られる上、同じ慣習をもつ者同士、実生活での助け合いも期待できるからである。イディッシュ語の集会は、東欧系ユダヤ人同士の交流の機会となっている上、生涯学習の場ともなっている。

　イスラエルはアメリカと違い「ユダヤ人の国家」である。ユダヤ人にとってそこへの移住は「帰還」とされる。とはいえ、東欧系ユダヤ人が言語的、文化的に独特な、ひとつの移民集団であることは南フィラデルフィアの状況と同じである。イスラエルの東欧系ユダヤ人もまた独自のユダヤ性を求めてイディッシュ語を学習し、東欧系ユダヤ人同士で交流していた。学習活動を継続的に観察したことで、彼らの情報交換や、議論の場にも立ち会うことができた。

引用と表記の基本方針

以下、本書における引用と表記の基本方針を記す。

(1) 聞き取りの内容、引用する論文や新聞記事などは和訳した。原文は、筆者の学位論文である『現代イスラエルにおけるイディッシュ語個人出版と言語学習活動』(国立国会図書館蔵)に掲載したのでそちらを参照していただきたい。

(2) 日本語以外の言語のカタカナ表記について

イディッシュ語やヘブライ語など、日本語以外の言語の単語については、読みやすさを優先し、例えば地名の「エルサレム」といったカタカナ語も含め、すでに定着している日本語の単語があればそれを用いた。それ以外は和訳するか、もとの言語に近い音でカタカナ表記した。

(3) イディッシュ語とヘブライ語の表記について

イディッシュ語については、学術研究の場で広く用いられている東欧ユダヤ学術研究所YIVO（イヴォ）が、1937年に発表した正書法「イディッシュ語書記規則[26]」が存在する。本書でもこの方式を用いている。

もともとYIVOによる正書法は、複数の地方で話され、書かれていたイディッシュ語の諸方言を統一するための提案であった。しかし提案された当時は、正書法はイディッシュ語話者たちに、あまり受け入れられていなかったようである[27]。しかし1961年からコロンビア大学やハーバード大学、ヘブライ大学などのイディッシュ語研究・教育機関、1998年からニューヨークの週刊イディッシュ語新聞『前進』(*Forverts*)などでこの正書法が採用されると、徐々に定着していった[28]。これにはそれぞれの方言の話者が減少し、次世代のイディッシュ語が研究者や学習者によって担われるようになったという背景がある。

ヘブライ語はヘブライ語アカデミー[29]による方式を簡略化したもので、イスラエルで一般的に用いられている方式[30]に倣う。

表 0-5　イディッシュ語におけるヘブライ文字の YIVO 式ラテン文字対応表

イディッシュ語の文字	YIVO 式ラテン文字
א	なし
אַ	a
אָ	o
ב	b
בֿ	v
ג	g
ד	d
ה	h
ו	u
וּ	u
וו	v
וי	oy
ז	z
זש	zh
ח	kh
ט	t
טש	tsh
י	y, i
יִ	i

イディッシュ語の文字	YIVO 式ラテン文字
יי	ey
ײַ	ay
כ	k
כ, ך	kh
ל	l
מ, ם	m
נ, ן	n
ס	s
ע	e
פ	p
פֿ, ף	f
צ, ץ	ts
ק	k
ר	r
ש	sh
שׂ	s
ת	t
ת	s

Aronson（1996: 736）にならって筆者作成。

表 0-6　イディッシュ語のラテン文字への変換（『最新ニュース』を例に）

ヘブライ文字	ס	ע	יי	נ	ע	ט	ץ	ע	ל
ラテン文字	s	e	ya	n	e	t	st	e	l

←右から左へ読む（ラテン文字で "letste nayes" と表記）

序章　025

右から左にヘブライ文字で書かれるイディッシュ語をラテン文字で書く際には、研究者に広く用いられているYIVO式のラテン文字化の方式が存在する（表0-5）。本書でもこの方式を使用した。

　例として、イディッシュ語新聞のタイトルである『最新ニュース』のラテン文字への変換を表0-6に示す。もともとヘブライ文字では右から左に書くが、ラテン文字では左から右に "letste nayes" と書く。

　ヘブライ語のラテン文字での表記の規則はイディッシュ語の場合と異なり、研究者の間でも限定されていないようなので、本書にヘブライ文字とラテン文字の対応表を載せることはひかえた。

（4）引用について

　聞き取りや新聞記事などからの引用で比較的長文の場合、字下げして示した。引用文中の〔　〕は筆者による加筆、〔……〕は筆者による省略、……は発話中の間を示す。

（5）聞き取り内容の修正と参考にする辞書について

　話し手の言い淀みや言い間違いなどは、文脈から推測できる範囲で、本人の意図を尊重しつつ、筆者の判断で修正した。訳語については、研究者などによって広く使用されている以下に挙げる9つの辞書を参考にした。各辞書については、巻末の参考文献一覧に記した。

　〈ヘブライ語について〉
　ヘブライ語 ヘブライ語辞典
　　Mihon Ha-Hove（Dictionary of Contemporary Hebrew）
　英語 ヘブライ語辞典
　　Oxford English Hebrew / Hebrew English Dictionary
　〈イディッシュ語について〉
　イディッシュ語 英語辞典
　　Modern english yidish yidish english verterbukh（Modern English

Yiddish / Yiddish English Dictionary）

イディッシュ語 英語 ヘブライ語辞典

Ydish english hebreisher verterbukh（Yiddish English Hebrew Dictionary）

イディッシュ語に含まれるヘブライ語とアラム語をイディッシュ語で解説しているイディッシュ語 イディッシュ語辞書

Verterbukh fun loshn-koydesh shtamike verter in Yidish（Dictionary of Hebrew and Aramaic Words in Yiddish）

イディッシュ語 日本語辞典

『イディッシュ語辞典』

〈英語について〉

英英辞典

Webster's New International Dictionary

〈ドイツ語について〉

独独辞典

Großwörterbuch Deutsch als Fremdsprache

独和辞典

『独和大辞典』

筆者が以上（1）から（5）を適用しにくいと判断した場合は、簡潔で明確に表現できるように配慮しながら、適宜対処した。

本書の構成

第Ⅰ章では、イスラエルでイディッシュ語が「死にゆく言語」と見なされている現状をまとめる。まずイスラエルの主な言語とイディッシュ語について（1.1）、次に公立学校でのイディッシュ語の語学教育について示す（1.2）。そして語学教育がなされながらも、イディッシュ語が多くのイスラエル人にとって日常生活からかけ離れた言語であることを示し（1.3）、もはや研究、教育、文化活動といった限られた領域でしか、イディッシュ語が扱われなく

なったことを述べる (1.4)。一方、高齢になった話者たちが現在でも集会を開くなどしてこの言語を話す機会を維持するために努力しており、これについても記す (1.5)。

　第Ⅱ章ではイディッシュ語個人出版について述べる。個人出版の特徴と筆者の調査について述べ (2.1)、次にそれぞれの個人出版が創刊された時期に基づいて第一期から第三期に分類し、各時期におけるイディッシュ語個人出版の特徴についてまとめる (2.2)。そしてそれぞれの個人出版について解説し (2.3)、個人出版にとって重要だと考えられる3人の出版人について言語経歴を記す (2.4)。

　第Ⅲ章では、イスラエルにおけるイディッシュ語学習活動について述べる。まず、イディッシュ語学習活動の特徴と筆者の調査方法について記す (3.1)。イスラエルにおいて、イディッシュ語は、学ぶ価値や意味がない言語だという考え方が多い中、あえてその言語を学ぶ人々の学習動機について記す (3.2)。さらに一部の学習者や教師が、その言語を「魂」に通じるものだと証言したことについて述べる (3.3)。そして、私的空間で行われている学習活動と (3.4)、公的空間で行われている学習活動について (3.5) の筆者の参与観察や、聞き取り調査、新聞などの報道をもとに、イディッシュ語学習活動の背景についてまとめる。

　最後に本書全体をまとめ、結論を述べる。

I
イスラエルにおける「死にゆく言語」の現状

　本章では、イスラエルにおけるイディッシュ語の現状について述べる。1節で現代イスラエルの多言語状況における主要言語とイディッシュ語の位置について、2節では公立学校でのイディッシュ語教育、3節ではイスラエルでイディッシュ語が日常の言語とはなりえないと考えられている状況について、4節では保護や研究、文化活動について、5節では21世紀初頭現在のイディッシュ語話者の活動について記す。

1.1　イスラエルの主な言語とイディッシュ語

　イスラエルの公用語はヘブライ語[1]とアラビア語[2]であるが、その他にもユダヤ人移民がさまざまな言語を話している。
　表1-1はイスラエルで話されている言語と話者数の一覧である。Lewis ed.（2009）のデータから、話者数10万人以上の10の言語を取り上げ、話者数が多い順に並べ替えた。調査年と調査者が記載されている言語についてはそれも記した[3]。
　最も話者が多いのはヘブライ語で485万人、次がパレスチナやヨルダンを中心に話されているアラビア語で91万人である。以下、話者数3位以下の言語の主な話者はユダヤ人移民たちである。人口の約8割を占めるユダヤ人

がさまざまな言語を話していることがわかる。これは彼らが世界各地から移住してきたためである。

　イディッシュ語の名称は表1-1では、Lewis ed.（2009）の"Eastern Yiddish"をそのまま和訳し、「東イディッシュ語」と表記した。イディッシュ語には方言があり、これについての学説はいくつか存在するが、方言は大きく分けて中欧の西イディッシュ語と、東欧の東イディッシュ語で、それ

表1-1　イスラエルで話されている言語と話者数

	言語名	話者数(千人)	調査年	調査者
1	ヘブライ語 Hebrew	4,850	1998	—
2	アラビア語 （南レバノン口語） Arabic, South Levantine Spoken	910	—	—
3	ロシア語 Russian	750	1999	H. Mutzafi
4	ユダヤ・アラビア語 （モロッコ） Arabic, Judeo-Moroccan	250	1992	H. Mutzafi
5	ルーマニア語 Romanian	250	1993	Statistical Abstract of Israel
6	東イディッシュ語 Yiddish, Eastern	215	1986	—
7	ユダヤ・アラビア語（イラク） Arabic, Judeo-Iraqi	100	1994	—
8	英語 English	100	1993	—
9	ラディノ語 Ladino	100	1985	—
10	ポーランド語 Polish	100	1992	H. Mutzafi

"Languages of Israel", Lewis ed.（2009）をもとに筆者作成。

それさらに細かく分類される。西イディッシュ語については、存命の話者はほぼいないと考えられており、現在話されているのはほとんどが東イディッシュ語である。本書で扱うのも東イディッシュ語のため、「東」は省略して「イディッシュ語」とする[4]。

多言語社会イスラエルの公共の場で広く使われている主な言語は、ヘブライ語、アラビア語、英語、ロシア語である。ヘブライ語は、公共標識、商業広告、新聞、雑誌、ラジオ、テレビなど、いたるところで使われ、アラブ人が集住する限られた地域では、アラビア語が使われている。公共標識の多くには、ヘブライ語に英語とアラビア語が併記されている（図1-1）。

図1-1　通りの名前を示す公共標識（下）とパン屋の看板（上）

エルサレム中心部の超正統派ユダヤ教徒が集住する地域メア・シェアリム[5]の標識。通りの標識（下）は、上から順に、ヘブライ語とアラビア語、そして英語で書かれている。ユダヤ人を主な客とするパン屋の看板（上）は、ヘブライ語と英語で書かれている。この地域は、超正統派ユダヤ教徒のイディッシュ語話者が多く住んでいるといわれているが、この看板と標識にはイディッシュ語は見られない。(2006年12月8日、筆者撮影)

図1-2　ロシア語圏からの移民向けの輸入食料品店チェーンの看板

エルサレムの市街地にある、ロシア語圏からの移民向け輸入食料品店のひとつ。ヘブライ語（上2行）とロシア語（下2行）は、どちらも「5人の兄弟プラス[6]――食料品店チェーン」と表記されている。右上のロゴの下の数字は電話番号。(2006年11月16日、筆者撮影)

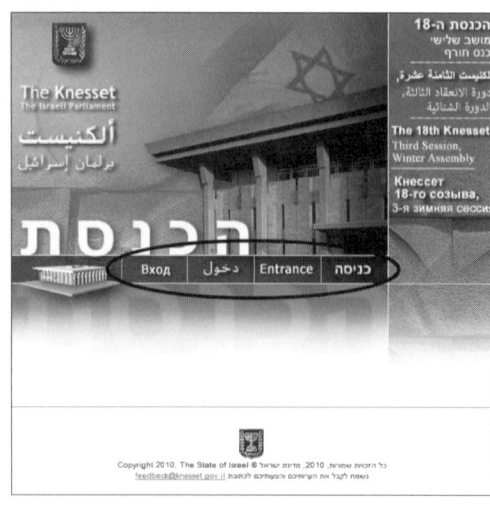

図1-3

イスラエルの国会のウェブサイト・トップページ

ページの中心部の楕円で示した部分から、どの言語でウェブサイトを閲覧するかを選ぶことができる。右から順に、ヘブライ語、英語、アラビア語、ロシア語で、いずれも「入口」と書いてある。(クネセットのウェブサイト[7])

ロシア語はイスラエルの公用語ではないが、話者数が多いことから現在では図1-2に示したような商店の看板にとどまらず、政府もしばしばロシア語を用いている。例えば図1-3に示したイスラエルの国会のウェブサイトは、ヘブライ語、英語、アラビア語、ロシア語で閲覧できる。

　以下、各言語の概要を示す。

ヘブライ語
　現代ヘブライ語（「はじめに」参照、以下ヘブライ語と記す）は、19世紀末のユダヤ民族主義（シオニズム）の構想と結びついて、ユダヤ民族の言語として重視され、ユダヤ人にパレスチナ移住前から学習されるようになった。ユダヤ人がパレスチナに移住し始めると、ヘブライ語はさまざまな地域から移住してきたユダヤ人の共通語として、ユダヤ人移民が話す他の言語よりも優位に置かれ、シオニズムの中心的要素となった。
　イスラエル独立後に政府は、増え続ける移民の子どもに対して、学校や兵役でヘブライ語を「母語として[8]」教育してきた。移民の家庭では、親が子どもと話す言語がロシア語や英語といった他の言語であることもあるのだが、学校教育や兵役中の言語習得を経て、ヘブライ語が彼らの第一言語となっていく。
　学校教育を終えた移民には、ウルパン[9]と呼ばれる語学講座が開かれている。移民たちが就職し経済的に自立するためには、多くの場合まずヘブライ語を習得する必要がある。
　イスラエルに住むアラブ人に対しても、「第二言語として[10]」学校でヘブライ語を教育している。彼らがイスラエルの国立大学に進学する場合、ヘブライ語の習得が必須である。

アラビア語
　序章に示した通り、イスラエルには人口の約2割のアラブ人が住んでいる。ヘブライ語と並んで公用語とされているアラビア語は、アラブ人が日常生

I　イスラエルにおける「死にゆく言語」の現状　　033

活で使用している言語[11]であり、アラブ系教育機関における教育言語である。周辺をアラブ諸国に囲まれているイスラエルにとって、アラビア語は軍事的な情報収集にも重要である。このような背景から政府はユダヤ人に対して学校で現代標準アラビア語[12]を教育している。

しかしユダヤ人がアラビア語を習得し、日常生活でアラブ人とその言語で話すということはほとんどない。公共の場ではヘブライ語の方が圧倒的に広く使用されている。こういった状況からアラブ人は、アラビア語を国会で使用すること、民営放送のテレビ番組でアラビア語の字幕をつけたり、アラビア語の番組を放送することなどを要求してきた[13]。

英語

英語はアラビア語以上にイスラエル社会全体の共通言語として公的な場面でも私的な場面でも広く用いられている[14]。1922年からイスラエルが独立する1948年まで、パレスチナは英国に統治されており、この地域の公用語は英語であった。支配者の言語であったという背景から1960年代半ばまで、英語はイスラエルのユダヤ人によって英国統治時代を思い起こさせるものとして嫌悪されてきた。しかし、行政や司法などで使用され続けた。1960年代後半から政府は、経済成長、文化や学術研究、そして産業の発展を目指して、積極的に英語教育を行うようになった。1970年代以降は英語圏からの移民の増加もあって、「みんなの第二言語[15]」と称されるほどに広く用いられ[16]、実際ほとんどの若いユダヤ人は英語を話すことができる。

ロシア語

ロシア語は、旧ソ連などからのロシア語話者の移民たちによって、日常生活で用いられている。ロシア語で事足りるために、彼らの間にヘブライ語が普及しきらないという問題が生じるほどである。筆者はヘブライ大学であるロシア語話者の歴史研究者から、「21世紀のユダヤ人の言語は何か知っているか？　ロシア語だ」という冗談とはいえない冗談を聞かされた。ロシア語がイスラエルを代表する言語のひとつとなっており、立山（2012: 15）はこ

の状況を反映して、イスラエルの「主要言語」として、ヘブライ語とアラビア語に次いで、ロシア語を挙げている。

　ロシア語話者が形成する大きな言語集団とその政治的影響力の大きさから、政府は必要に応じて、公的場面でもロシア語を使用している。ヘブライ語への言語的な同化を強要するのではなく、むしろ政府からの情報をロシア語で発信することによって、移民をイスラエル社会に取り込もうとしている。

　21世紀初頭の現在、ロシア語を話す住民の大多数を占めるのは、旧ソ連崩壊後その地域から移住してきた人々である。イスラエル独立前からすでにロシア語話者が移住していたのだが、1980年代半ばまでに移住してきた話者たちは、多くの場合移住前からヘブライ語を習得し、イスラエル社会に順応していった。しかし1991年のソ連崩壊以降に移住してきた人々はそうではなかったようである。そのため彼らは巨大な言語的社会集団となり、社会的影響力も他の言語の話者集団に比べて圧倒的に大きかった。彼らの多くはそれ以前の移民に比べてヘブライ語習得率が低く、イスラエル社会にもなじみにくい傾向にあった[17]。

イディッシュ語

　移民たちが話す数々の言語の中には、「ユダヤ諸語」と呼ばれるものが存在する。その代表的なものとして、本書で扱うイディッシュ語の他にも、スペイン語から派生したラディノ語などが挙げられる。これらはユダヤ人が世界各地に移住した際、そこで使われている言語をユダヤ人の間で独自に「ユダヤ人専用」にアレンジしながら使い続けるうちにできたユダヤ人独自の言語である。

　それゆえ「ユダヤ人なまり」とか「方言」的な扱いを受けることが多く、ユダヤ諸語の中で最も話者数が多いイディッシュ語ですら長年ドイツ語の方言として扱われ、現在にいたるまでイスラエルも含めてどこかの国の実質的な公用語になったことはない[18]。

　イスラエルでは、国家建設に携わった主要人物にイディッシュ語話者が多かったにもかかわらず、この言語を公共の場で話しにくい状況にあった。イ

ディッシュ語は「方言」や「外国語」などと呼ばれ、離散やホロコーストを思い起こさせるやましいものだと倦厭されたのである[19]。政府はヘブライ語の使用を促進する中、イディッシュ語がそれを阻害すると考えた。

そのためこの言語で話したり、出版したりすることが難しかったようである。例えばFishman and Fishman（1978）などの先行研究やイディッシュ語話者やその子孫の多くの証言から、イディッシュ語で出版することが難しかったことはおろか、道端で話すことさえはばかられていたことがわかった。かつ、生計を立てるためにはヘブライ語の習得が必須であった。

さらに、イディッシュ語は話者自身にとっても苦しい過去を思い起こさせるものだった。イスラエルの初代首相であるダヴィッド・ベン＝グリオン[20]（1886〜1973）は、ポーランド生まれで1906年にパレスチナに移住した。彼もイディッシュ語話者であったが、この言語について「外国語であり、不快感を与える言語」と罵った[21]。ヘブライ語が公用語であるユダヤ人の国家は、「言語的に純粋な社会[22]」であり、そこでイディッシュ語はしばしば攻撃の対象となった。ドイツ語やヘブライ語、スラヴ諸語などから構成された「堕落した言語[23]」と見なされたのである。

Spolsky and Shohamy（1999）は、20世紀末のイスラエルにおいてイディッシュ語は先祖が話していたが日常では話さない「継承語[24]」であり、超正統派ユダヤ教徒や高齢の話者といったごく限られた人々の間でのみ話されている「集団内の言語[25]」だとしている。イディッシュ語を継承するのは、超正統派ユダヤ教徒のように強い信条を持たなければ難しかったようである。

1.2 「死にゆく言語」のための学校教育

本節ではイディッシュ語の継承語としての側面に注目し、公立学校におけるイディッシュ語学校教育について述べる。

イスラエルで初めての公立学校におけるイディッシュ語の授業は、1966年から1967年にかけて高等学校[26]の生徒に対して実施された。ただし、こ

れは実験的に行われたものであった。その時の講師はイェヒエル・シェイントフ氏で、当時ヘブライ大学で講師としてイディッシュ文学を教えていた。1941年にアルゼンチンのブエノスアイレスで生まれ、1960年にイスラエルに移住してきたイディッシュ語話者である。彼は生徒たちが単位を得られるわけでもないのに任意で受講していたこと、イディッシュ語に家族が話していた言語としての重要性を感じていたことを記録している[27]。

　1970年代になると、大学も含めた複数の公立学校でイディッシュ語が教えられるようになり、1979年からは一部の高校で公式に選択科目として教えられるようになった。政府はヘブライ語がイスラエルの公用語として定着していたこと、一方で世界各地から移民が押しよせ、各々のユダヤ人の言語や文化の存在を受け入れざるをえなかったことなどから、この時期にはすでに、イディッシュ語に対しても寛容になったとみられる。ただしイディッシュ語を言語としてではなく、あくまで「文化」として扱った。イディッシュ語教育にとった方針は、移民へのヘブライ語教育や、アラブ人へのヘブライ語教育、ユダヤ人への英語教育のように言語として徹底的に教え込み、運用能力を持たせようという方針とは違った。

　Bogoch（1999）によれば、イディッシュ語が学校で教えられ始めてから受講する生徒は増え続け、1984年に教育省が旧ソ連からの新移民へのイディッシュ語教育を推進するためにモルデハイ・ドゥニッツ氏[28]を雇った。

　1991年の『エルサレム・ポスト国際版』に掲載された記事「『死にゆく』言語のための貢献[29]」には、イディッシュ語教育に力を注ぐ人物と、その言語を学習する子どもたちがいると記されている。

> 　イディッシュ語は「死にゆく」言語だとか、高齢者や超正統派ユダヤ教徒のものなどとされるが、実は生きており〔……〕小学生や高校生、大学生たちに〔……〕学習されている。
>
> Ackerman, 22 November 1991, *The Jerusalem Post international edition*

　イディッシュ語話者として言語の継承にも熱心だったドゥニッツ氏の尽

力もあり、1994年には54校で教えられ、3,000人が受講するまでになった。ところが、政府から一応のお墨付きをもらい、一定の受講生も獲得したイディッシュ語の学校教育であるが、語学教師は不安定な状況を強いられていた。十分な給与は支払われず、次学期の授業時間や内容は直前になるまでわからなかったという。こういった状況から教師らは、毎学期授業が確実にある英語、フランス語など他の言語を教えるようになっていったという[30]。

これに関連して筆者はあるイディッシュ語教師から次のような話を聞いた。彼女は若い頃にイスラエルに移住してきた東欧系ユダヤ人である。イスラエルでイディッシュ語の教師をしていたがそれだけでは生活できず、ヘブライ語も教えていた[31]。ヘブライ語はイスラエル移住前に学び、イスラエル生まれの人々よりも正しい文法を理解していたという。このような生活を送りながら彼女は、年金生活者になったらイディッシュ語だけを教えたいと思い続けてきたという。

イディッシュ語の教育内容は各々の教師に委ねられてきたが、20世紀末からその整備の動きが見られる。1996年には、イスラエルの国会でイディッシュ語の保護にかんする法案「イディッシュ文化のための国立機関法[32]」が可決され、イディッシュ文化国立機関[33]が設置された。

イスラエル政府は、イディッシュ語を国家の文化の一部として重要だとみなし、保護することを公式に認めたが、イディッシュ文化国立機関の関係者によれば、保護のための実質的な活動を主導しているのは、イディッシュ語話者かその子孫である。しかも政府は保護の対象を「言語」ではなく「文化」としている。こういったことに政府と話者や子孫との間の妥協点が見られる。

2008年にイスラエルの教育省は、イディッシュ語の研究者や教師たちに依頼して、カリキュラム『イディッシュ：言語と文化[34]』を作成し、これは2009年から施行された（図1-4）。

カリキュラムの作成に携わったのは、超正統派ユダヤ教徒も含むイディッシュ語話者の東欧系ユダヤ人で、イディッシュ語教育にかかわっている者たちである。カリキュラムには、文法、語彙、会話練習、文学読解なども含まれる。ただし日常生活で話せるようにするためのものというよりは、イ

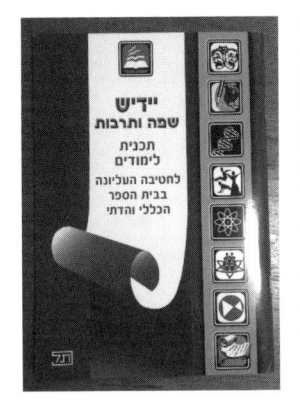

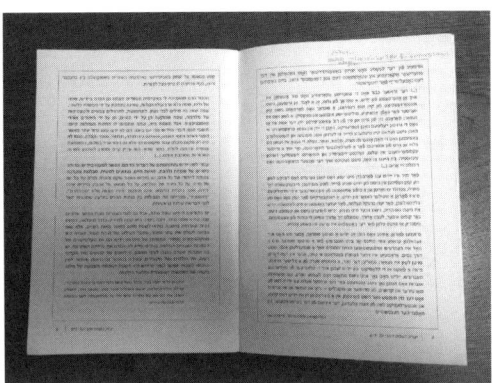

図1-4　カリキュラム『イディッシュ：言語と文化』の表紙（左）と中面

教育省が作成したカリキュラム。表紙も内容もヘブライ語のみで書かれているが、冒頭にはI.B. シンガーのノーベル賞受賞スピーチが、イディッシュ語とヘブライ語で掲載されている。

ディッシュ語の文化的重要性を教え、継承するためのものである。

　教育省とカリキュラムの作成にかかわった教育者たちの関係は非常に良好で、役人がカリキュラムの原案に対して細かく言及することはほとんどなかったという[35]。カリキュラムはイスラエルの各大学のイディッシュ語研究者と教師ら10人が、「何がイディッシュ語の文化か」、「どの文学を読ませるべきか」、題材の選出などについて白熱した議論を重ね、約5年の歳月をかけて完成した。

　カリキュラム編成の担当者となった教育省の職員は、長年ヘブライ語の教科書の作成を行っていたという。しかしある日上司から突然、イディッシュ語カリキュラムの担当に任命された。イディッシュ語にかんする仕事には一切かかわったことがなかったため、最初は驚き、戸惑ったという。しかし担当者は、自分自身も東欧系ユダヤ人であるし、イディッシュ語話者である両親のためになる仕事だと、個人的な使命を感じて取り組んできたという。教育にかかわる人々のこの言語への強い思い入れによって継承活動が支えられていることがうかがえる。

Ⅰ　イスラエルにおける「死にゆく言語」の現状

1.3 日常生活からかけ離れたイディッシュ語

　近年のイスラエルでは、イディッシュ語はどうとらえられているのであろうか。2006年から2010年のヘブライ語や英語の新聞にイディッシュ語の話者や学習活動、そして文化活動を紹介する記事があるので、これらを参照してみたい[36]。

　まずイディッシュ語で子育てする世俗ユダヤ人についてのヘブライ語の記事を、次に国会における「イディッシュ文化の日」についての英語の記事を紹介する。高齢者や超正統派でないユダヤ人にとって、イディッシュ語は過去の言語であり、それで日常生活を送ることは不可能だと考えられているのがうかがえる。

[1] イディッシュ語で子育てする世俗ユダヤ人
　エルサレム市内に、イディッシュ語で生活している世俗ユダヤ人の一家がある。この一家についてヘブライ語新聞『ハアレツ』が、イディッシュ語で「子どもたち[37]」というタイトルの写真付き記事を掲載した（図1-5）。「世俗」というのは、宗教的にそれほど厳格でないということを示す。超正統派でないユダヤ人がイディッシュ語で子育てするのはとてもめずらしいことなので、宗教的立場がわざわざ記事に書かれているのだろう。この記事はイディッシュ語話者の母親ミリアム・トリンと、父親エリエゼル・ニボルスキー[38]による投稿記事である。彼らはイディッシュ語で自分たちの子どもを育てている。ニボルスキーによれば、彼らはもともとイディッシュ語で記事を書いたが、新聞掲載のためにヘブライ語に訳した。

　ニボルスキーもトリンも、東欧系ユダヤ人である。ニボルスキーの母語はイディッシュ語で、他に、スペイン語、フランス語、英語なども堪能である。トリンの母語はポーランド語で、彼女はイディッシュ語を学習して身に付けた。他に、ヘブライ語やドイツ語、英語、フランス語なども堪能である。トリンがヘブライ大学で研究するために、1995年から一家でイスラエルに住

図1-5 イディッシュ語で生活する世俗ユダヤ人の家族

写真のキャプションには、ヘブライ語で「イディッシュ語はお父さんとお母さんの個人的な興味にとどまらない」と書かれている。("Kinderlakh", Trinh and Niborski 2007, *Haaretz.com*)

מרים טרין ואליעזר ניבורסקי עם ילדיהם, אטלה, דינה'לה וראובן'לה. היידיש אינה רק עניין פרטי של אבא ואמא

み始めた。ニボルスキーはもともとパリで数学の教師をしていたが、調査時はイスラエルの国立図書館でイディッシュ語文献のアーカイブズを作成していた。

彼らはイディッシュ語教師としてもイディッシュ語研究者や学習者によく知られており、イスラエル国内外の大学や文化センターなどでイディッシュ語を教えている。仕事として以外にもⅢ章4節の「私的空間における学習活動」で述べるように、知人や友人を集めて自宅で毎週イディッシュ語の読書会を行っている。

新聞『ハアレツ』の記事は、記者による次の前書きで始まる。21世紀初頭のイスラエルで、超正統派ユダヤ教徒でも高齢者でもないユダヤ人の若者がイディッシュ語で子育てするのは、不思議なだけではなく不可能だと考えられているのがよくわかる。

> 世俗的なユダヤ人カップルが、2007年のイスラエルで彼らの3人の小さな子どもたちをイディッシュ語で育てている。次の記事で彼らは、どうやって、なぜそうしているのか明らかにしようと試みている。
>
> Trinh and Niborski 2007, *Haaretz.com*（ヘブライ語）

投稿記事には、一家におけるイディッシュ語とヘブライ語の使用について

Ⅰ イスラエルにおける「死にゆく言語」の現状　041

次のように書かれている。

> 私たちはエルサレムの世俗的な家族で、3人の子どもがいます〔……〕子どは、はじめから次の2つの言語で大きくなりました。イディッシュ語、これは家族全体の言語。そしてヘブライ語、これはお母さんとの「ないしょ話」のための、そして周囲の人々との主な言語です。
>
> Trinh and Niborski 2007, *Haaretz.com*（ヘブライ語）

　ヘブライ語がお母さんと「ないしょ話」をするときの言語だと記されているのは、父親が必要最低限しかヘブライ語を話さないからである。父親、母親、子どもたちの共通語はあくまでイディッシュ語である。

　イスラエルの国立図書館で仕事を得ている人物がヘブライ語を話さないということに不自然さが感じられるかもしれない。ニボルスキーのような状況は例外的であろう。彼はイディッシュ語で育てられ、国外で教育を受け働き、妻の学業のためにイスラエルに滞在している。

　筆者はこれまでニボルスキーとはイディッシュ語でしか会話やメールのやり取りをしたことがなく、彼がヘブライ語を話しているところを見たこともない。他の人たちがヘブライ語で話している場では会話の内容はほとんど理解できているようで、その会話にイディッシュ語で参加する。職場ではイディッシュ語話者とイディッシュ語の出版物を読んで分類する仕事をしており、共通の言語はイディッシュ語である。ヘブライ語を使うのは買い物などの日常のやり取りだけで、その程度なら特に問題ないという。ごく親しい人々との会話には、ヘブライ語はそれほど必要ないのだろう。

　一方、子どもたちは、イスラエルの友人とはヘブライ語で話している。イディッシュ語で話せる友人は、国外にわずかに住んでいるだけである。彼らの友人もまた超正統派ではないが、イディッシュ語を母語として育てられた子どもたちだ。トリンとニボルスキーは、子どもが限られた友人としか母語で話せなくなることを承知の上で、イディッシュ語で育てることを重視している。それは以下の理由による。

なぜ私たちは子どもをイディッシュ語で育てているのでしょうか。まず私たち家族の自然な言語で、家族と友人、そして職場での日常の言語なので、子どもにもしっくりくるのです。しかもイディッシュ語は私たちと先祖を直接つなぐので、子どもが歴史的視野と確かな文化的背景を基盤に自我を形成するのを助けます。イディッシュ語とヘブライ語の組み合わせは、子どもが成長するための豊かな可能性をもたらします。

Trinh and Niborski 2007, Haaretz.com（ヘブライ語）

　ニボルスキーとトリンにとって、イディッシュ語は、仕事でも私生活でも日常の言語である。そのためイディッシュ語で子育てするのは自然なことであるし、子どもが先祖の歴史と文化を踏まえながら自己形成するのを助ける。それ以外の言語では充足できないものを満たす特別な言語なのである。

　イスラエルにおいて、移民が家庭でヘブライ語以外の言語を話すのは珍しいことではないが、超正統派でないユダヤ人がイディッシュ語で子育てすることは珍しい。これはイスラエルでは、わざわざ説明を必要とするほど独特な価値観に基づくもので、イディッシュ語に精通した彼らだからこそ成せる、難しいことなのである。

[2] 国会における「イディッシュ文化の日」

　イディッシュ語はイスラエルで長年、公的な場で話されず「死にゆく言語」と見なされている。しかし国会で一日に限ってイベントが開催され、イディッシュ語の歌や踊りが披露された。次に紹介するのは、イベント開催前後に掲載された新聞記事である。

　2009年5月26日、イスラエルの国会で「イディッシュ文化の日[39]」というイベントが開催された[40]。300人ほどの参加があり、そのうち200人が観客であった。運営には、国会議員の他にイディッシュ語劇を演じる「イディッシュピール」(本章4節 [3]「劇団『イディッシュピール』」参照)、イディッシュ語の文化を広めるための協会である「ショレム・アレイヘム・ハウス[41]」

Ⅰ　イスラエルにおける「死にゆく言語」の現状　　043

(Ⅲ章5節［2］「『ショレム・アレイヘム・ハウス』の市民講座」参照）、イディッシュ語の歌と音楽や踊りなどを披露する活動を行っているカバレット集団「若きイディッシュ」（本章4節［2］「非営利団体『若きイディッシュ』」参照）などがかかわっていた[42]。

　イベント開催前に英字新聞『エルサレム・ポスト』に、タイトルだけイディッシュ語で書かれた「私たちは国会でイディッシュ語を話す[43]」という記事が掲載された。記事は次のように始まる。

> イディッシュ語は長年、「離散」の言語としてみられ、新しく独立したイスラエル国家で使用するのにふさわしくないとされてきた。しかし、このマメ・ロシュン[44]〔「ママのことば」、つまりイディッシュ語のこと〕は国会に進出している。来週、国会で開催される「イディッシュ文化の日」では、かつて1,200万人のユダヤ人が話していたこの言語に、著名な政治家たちが敬意を払う。
>
> 　　　　　　　　　　　Stoil, 21 May 2009, *Jerusalem Post online edition*

　このイベントを主催した議員リア・シェムトヴ[45]は、1958年にウクライナで生まれ、イディッシュ語を話す家庭で育った。旧ソ連からの移民による政党で極右とされることも多い「イスラエル我が家[46]」に所属している。彼女以外にも党首のアヴィグドール・リーバーマン[47]（2009年当時外務大臣）をはじめとし、イディッシュ語の話者や、それを聞いて育ったという国会議員がいる。彼らは2009年5月26日に第17期国会に限定して、公式にこの言語を話し、その文化的な価値を見直すために「イディッシュ文化の日」を開催したのである。

　主催者であるシェムトヴは、イベントの重要性について次のように話している。

> イディッシュ語を話す世代は消滅しかかっています。ヘブライ語を話す議会の壁の中にこの言語を公式に迎え入れるのは今とても重要です。

Stoil, 21 May 2009, *Jerusalem Post online edition*

　「イディッシュ文化の日」ではイディッシュ語を称賛して楽しむだではなく、話者が過去を思い起こして涙を流す場面もあった。イベント終了後の報告記事には次のように書かれている。

　　歌手たちが「黄金のエルサレム」をイディッシュ語で歌った時、老年の委員たちが涙ぐんだ。

Stoil, 26 May 2009, *Jerusalem Post online edition*

　「黄金のエルサレム[48]」は、イスラエル生まれの女性作詞家ナオミ・シェメル[49]によって1967年に第19回イスラエル独立記念日の式典のために書かれたヘブライ語の歌で、長年離散していたユダヤ人のエルサレムへの悲願の帰還を歌ったものである[50]。国の式典などで使われるこの歌が、離散の象徴とされるイディッシュ語に訳されて国会で歌われたのである。老年の委員たちがこれを聞いて涙ぐんだ背景には、彼らの言語がイスラエルで不安定な位置に置かれてきたことへの痛切な思いをみてとれる。
　「イディッシュ文化の日」の歴史的意義を強調して、文学研究者のアヴラハム・ノヴェルシュテルン[51]教授は、次のように述べている。

　　ショレム・アレイヘムは、シオニストではありましたが〔……〕、自分の生誕がイスラエルの国会で祝われるなんてことを想像できたでしょうか？

Stoil, 26 May 2009, *Jerusalem Post online edition*

　ショレム・アレイヘム[52]（1859〜1916）はイディッシュ語文学を代表する作家である。シオニズム運動にも傾倒したが、イスラエル建国前に亡くなっている。ノヴェルシュテルン教授に応えてある議員がイディッシュ語の保護活動に国家がかかわるのを賞賛した。

I　イスラエルにおける「死にゆく言語」の現状　　045

ウシシュキンは、「ヘブライ語は、私たちが着ようとする新しいスーツで、イディッシュ語は、私たちが捨てようとしている古びたスーツのようだ」と書きました。しかし、今日、イスラエル国家は、そのエレガントな一着を再び着ようとしています。

Stoil, 26 May 2009, *Jerusalem Post online edition*

アヴラハム・メナヘム・メンデル・ウシシュキン[53]（1863〜1941）は、旧ロシア帝国生まれで1919年にイスラエルに移住し、シオニズム運動や現代ヘブライ語の普及のために活動した人物のひとりである。1928年から1929年の間に提案されたヘブライ大学におけるイディッシュ語の講座設置に反対し[54]、イディッシュ語に対する敵意は強かった。ヘブライ語普及の妨げとなるイディッシュ語を捨て、ヘブライ語を話すことを促した。

彼の思惑通りヘブライ語は人々の間に普及して、イディッシュ語は話されなくなっていった。日常の言語であれば、イディッシュ語のためのイベントがわざわざ国会で企画されないし、そこに集まる人もいないし、この催しについて新聞で取り上げられることもなかっただろう。この記事からも、この言語で話す世俗ユダヤ人の家族についての記事からも、大半のイスラエル人にとってイディッシュ語が非日常の言語であることがうかがえる。

1.4 研究、教育、文化活動におけるイディッシュ語

イスラエルの国会で「イディッシュ文化の日」が開かれたのは、突然のできごとではない。本節ではその背景となったイスラエルにおけるイディッシュ語とその文化の保護、研究の経緯について述べる。

[1] 国立大学における研究と語学教育

イスラエルの大学はすべて国立大学だが、各大学でイディッシュ語の研究

や教育が行われてきた。ヘブライ大学では、イディッシュ語講座開設の計画が1925年の創立時には頓挫したが、イスラエル建国直後の1951年には開設された。講座開設にあたっては、大学関係者や作家のみならず、政治家も祝辞を述べている[55]。このことから、イディッシュ語を研究対象とすることに限っては、政府もある程度は寛容であったことがうかがえる。日常生活から離れた研究の場では、イスラエル社会にヘブライ語が浸透する妨げにならない範囲で、政府はイディッシュ語を容認していたのである。

　ヘブライ大学における講座開設から20年以上経過した1973年からは、バル＝イラン大学でイディッシュ語の語学講座が開かれるようになった。テルアヴィヴ大学でも1970年代から不定期にイディッシュ語が教えられるようになり、1992年からは講座が開設された。開始の時期について詳細は不明だがハイファ大学でもイディッシュ語が教えられ、研究されてきた[56]。

　その他にも、テルアヴィヴ大学では2006年から欧米の東欧系ユダヤ人からの寄付でイディッシュ語の夏期講座が開講され（Ⅲ章5節［1］「テルアヴィヴ大学のイディッシュ語夏期講座」参照）、ネゲヴ・ベン＝グリオン大学では、2010年にニューヨークのユダヤ教神学院（JTS）のデイヴィッド・G・ロスキース教授が率いるイディッシュ語のプログラムが新設された[57]。

　イスラエルにおけるイディッシュ語の研究や教育は、寄付に支えられ、教師の一部もアメリカなど海外の研究、教育機関からやってきている。国内の研究者の多くも、海外で養成を受けた人々である。

　新しいプログラムが開設される一方で、ヘブライ大学のイディッシュ語プログラムは、大学の経営上の理由で2009年にヘブライ文学科に統合された[58]。教育や研究は継続的に行われているものの、状況は不安定である。

　一方、研究活動は複数の国立大学を拠点に行われている。ヘブライ大学では2002年に始動したドヴ・サダン・プロジェクト[59]がある。中心となっているのは、イスラエルの公立学校で1966年から1967年に実験的なイディッシュ語の授業を行ったイェヒエル・シェイントフ教授である。修士課程や博士課程の学生、博士号取得者が継続的にイディッシュ語の研究に取り組めるように奨学金や研究費を支給している。イディッシュ語やその文学、東欧系

ユダヤ人の歴史や文化などの研究が行われており、その成果をイディッシュ語、ヘブライ語、英語などで出版している[60]。

　ヘブライ大学とイスラエルの国立図書館で行われている、索引作成プロジェクト[61]では、1860年代から1948年までの東欧や旧ソ連の出版物の調査が行われている。プロジェクトの中心となっているのは、ヘブライ大学の教授でショレム・アレイヘム・ハウスの所長アヴラハム・ノヴェルシュテルン教授である。

　ヘブライ大学の他にも、ハイファ大学、テルアヴィヴ大学、バル＝イラン大学は、イディッシュ語や文学などについてのヘブライ語の研究雑誌『チェーン』(Khulyot) を出版している。1993年に創刊され、2008年までに11号が発行されている。

　2009年にヘブライ大学で第15回ユダヤ会議[62]が開催された際も、ユダヤ学の一分野として、イディッシュ語についても発表された。しかも英語、ヘブライ語、ロシア語などと並んでイディッシュ語も公式の発表言語とされた[63]。2010年には、ドヴ・サダン・プロジェクトが主催した「イディッシュ語の100年　1908～2008」がヘブライ大学で開催された。イディッシュ語とその文学、歴史、文化を主なテーマとしたシンポジウムであった[64]。

[2] 非営利団体「若きイディッシュ」

　イスラエルでイディッシュ語やその文化を広める活動をしている団体として、研究者や話者などが筆者に調査を薦めたのが非営利団体「若きイディッシュ[65]」である。団体の主な構成員は中年のイディッシュ語話者や子孫で、高齢の話者と比較すれば平均年齢は数十歳「若い」。この団体は1993年にイディッシュ語の母語話者で歌や踊りを得意とするメンディ・カハン[66]によって創設され、彼個人の出資や、寄付、イベントの入場料で運営されている[67]。この団体は「カバレット[68]」と称するイディッシュ語の歌や踊り、演劇などをテルアヴィヴやエルサレムに所持している施設や、国内外のイディッシュ語夏期講座やイベントで披露している。図1-6は、「若きイディッシュ」の月例イベントである。

図1-6 「若きイディッシュ」のカバレットのようす

エルサレム市内の「若きイディッシュ」のスタジオ兼図書室で開かれたカバレットのようす。暗闇の中で蝋燭が灯され、着席して鑑賞する観客たちの前に、ステージが設置されている。ステージ横には、ピアノが置かれ、ステージでのパフォーマンスと、生演奏や弾き語りが行われる。(2007年11月5日、筆者撮影)

「若きイディッシュ」のモットーは次のとおりである。

「若きイディッシュ」——イディッシュ語が生き、考え、笑う場所
Portnoy, 15-21 May 2009, *Forverts*（イディッシュ語）

「若きイディッシュ」は定期的な催し物として、テルアヴィヴとエルサレムで、合わせて月4回程度カバレットを披露している。司会進行はメンディ・カハンによってイディッシュ語で行われ、東欧系ユダヤ人独特の踊りや音楽、イディッシュ演劇が披露される。ユダヤの年中行事があればそれに合わせた内容となる。イベントごとにひとり30シェケルから50シェケル

（調査時2006年の変換レート、1シェケル約33円として換算すると約1,000円から約1,600円）程度の入場料を集めている他、一口360シェケルから寄付を募っている。

　筆者は2006年8月から2008年9月にかけて、エルサレムで行われているカバレットを何回か観に行った。舞台に向かって並べられた椅子は満席で、立ち見も含め、50人くらいの人々が毎回会場を埋め尽くしていた。カバレットが終わると、観客たちは知人や友人と、ヘブライ語や英語、イディッシュ語などで話しており、和やかな雰囲気であった。参加者は必ずしもイディッシュ語で話す必要はなく、気軽に東欧系ユダヤ人の文化に触れることができるのである。

　「若きイディッシュ」の活動の一例として、2006年11月後半から12月にかけてエルサレムで行われたイベントを表1-2に示した。12月には、ハヌカというユダヤの年中行事に合わせた内容となった。

　イベントは、いずれも木曜日の午後8時半から開始される。イスラエルのユダヤ人社会では、一部の例外を除いて多くの仕事や学校は、ユダヤ教の安息日が金曜の午後から土曜の午後であるのに従い、金曜日と土曜日が休みとなる。「若きイディッシュ」の集会は、休日前の木曜日の夜、社会人や学生たちが最も解放感に浸る時に開かれる。イベントは午後8時半から始まり、10時以降まで続く。時間が遅すぎるのか、プログラムに興味がないのか、高齢の話者はそれほど多くなかった。

表1-2

2006年11月から12月にエルサレムで行われた「若きイディッシュ」のイベント

開催日	内容
11月23日	クレズマー・アンサンブル
12月21日	ハヌカの楽しみ（ろうそく点灯と歌）
12月28日	「若きイディッシュ」のCD『青い猫[69]』発売記念イベント

"Program november detsember yung yidish yerusholaym" を和訳。

「若きイディッシュ」が目指しているところは、高齢のイディッシュ語話者のための娯楽を提供することというよりは、話者の子孫が言語や文化に触れる機会を作ることなのであろう。彼らの集会の入場料が割合高額であるにもかかわらず、50人ほどの人々が集まっているようすから、彼らがモットーとしている「イディッシュ語が生き、考え、笑う場所」の需要があるのがわかる。かつて家庭の中で聞くことができた言語は、週末に入場料を支払って愉しみ、なつかしむものとなっている。

[3] 劇団「イディッシュピール」

　劇団「イディッシュピール」（Yiddishpiel[70]）はイディッシュ語の文化を保護する目的で1987年に設立された。イディッシュ演劇は19世紀末から20世紀半ばまで、東欧、ロシア、アメリカなどで上演され、複数の劇場も存在していた。1970年代まではイスラエルでもイディッシュ演劇が上演されており、話者たちはそれを生活の中で楽しんでいたという。当時は実現しなかったが、イスラエルでイディッシュ演劇の劇場を創設する計画も存在した[71]。

　1987年になると、ようやく劇団「イディッシュピール」が作られた。1970年代に比べ、さらにイディッシュ語話者が減少していた時期である。この時期になってようやく劇団が創設されたのは、イディッシュ語がすでに「過去の文化[72]」と見なされるようになっていたからだという指摘がある。つまりイディッシュ語はヘブライ語の脅威にはなりえないという前提のもとに劇場が創設されたのである。

　この劇団の俳優は、移民第一世代のイディッシュ語母語話者のベテランだけではない。移民第一世代やイスラエル生まれの若手俳優もおり、彼らの多くは演じながらイディッシュ語を学んでいる。

　劇団創設の目的は、話者たちに娯楽を提供するためというよりも、むしろ言語やその文化の保護のためであることがわかる。以下は、劇団が掲げている創設の意義である。

　　イスラエルのイディッシュ語劇団イディッシュピールは、1987年に創

設されました。世界から失われていくイディッシュ語に魅力と人気と栄光を復活させ、イディッシュ語を、ユダヤ民族の歴史において豊かな意義ある文化の中心に据える使命を担っています。

イディッシュピールのウェブサイト[73]（ヘブライ語）

　イディッシュ演劇は20世紀後半のイスラエルでようやく、ユダヤ人の重要な文化と認められるようになった。

　しかしイディッシュ語での演劇が公認された背景には、東欧系ユダヤ人の主な言語が、イディッシュ語から他の言語になっていった事実がある。例えば、図1-7に示したイディッシュピールのウェブサイトは、イディッシュ語、ヘブライ語、英語、ロシア語で閲覧できる[74]。ヘブライ語のページにはイディッシュ語だけでは内容が理解できない観客のために、ヘブライ語とロシア語のイヤフォンによる同時通訳と、字幕による同時翻訳がすべての題目で用意されていると宣伝されている（図1-7の左下に、該当部分を筆者が円で囲った）。これは点滅しながら、次のような内容のメッセージを伝えている。

　　イディッシュ語できいて
　　ヘブライ語で笑う

図1-7　イディッシュピール・ウェブサイトのヘブライ語トップページ

ページ左上で言語が選択できる。上演予定の演劇の題目などが閲覧できる。左下で点滅するのは、ヘブライ語やロシア語の字幕とイヤフォンがあるという宣伝。円と、四角で囲んだ日本語の解説は筆者による。（イディッシュピール・ウェブサイト[75]）

すべての劇で
同時通訳

ヘブライ語とロシア語へ
字幕とイヤフォンで

イディッシュピールのウェブサイト[76]（ヘブライ語）

　イディッシュピールは上演の際、ヘブライ語とロシア語で、同時通訳と字幕をつけている。あるイディッシュ語話者は、一時期はあまり客がいなかったが、ロシア語の字幕をつけるようになってから客が増えたと言っていた。イディッシュ語話者だけを対象にしていては十分な集客が見込めないのであろう。

　2008年1月、ある日の夕方から、エルサレム劇場[77]でイディッシュピールが『影の子どもたち[78]』を上演し、筆者も観に行った。筆者の記憶の限りだが、750人ほど入れる劇場の6〜7割の席が埋まっていた。

　筆者は、劇場で知り合った70歳代とみえる女性から、幕間の休憩時間にヘブライ語で次のような話をきいた。彼女は、その日イディッシュ演劇を初めて観た。彼女の第一言語はフランス語で、ヘブライ語もよくわかる。彼女はもともと、イディッシュ語を理解できないと思い込んでいた。最初、ヘブライ語訳を頼りに演劇を観ようとイヤフォンをつけていた。しかしイヤフォンからは、難聴者用だったのかイディッシュ語の台詞を大音量にしたものが流れてきた。あまりに大きな音に驚いて彼女がイヤフォンを外すと、なんと役者の肉声をイディッシュ語のまま理解することができ、自分でも驚いたという。

　言語学の分野で、自分は知らないと思い込んでいた先祖の言語を、記憶の中から呼び戻して突然に理解する人々が存在する[79]と言われている。筆者もイディッシュ語の夏期講座などでそのような人に何人も会ってきた[80]。彼女もそのような人のひとりであろう。

チケットはイディッシュ文化会（本章5節 [1]「イディッシュ文化会」参照）の斡旋販売で、一般より安く買うことができた。文化会は前列から数列目の舞台正面の席をいくつも確保していた。上演時間が夕方から深夜であるにもかかわらず、文化会に参加している高齢者の多くが劇を観に来た。彼らがイディッシュ語を話してにぎやかに振る舞う姿には、イディッシュ語で観劇できることへの喜びと誇りがにじみ出ていた。普段の集会では見せないような盛り上がりようであった。

1.5　話者の残された空間

　イスラエルに移住する前からイディッシュ語を話していた高齢者の中には、現在も家族や友人などとこの言語で話す人も存在する。しかし周りに話者がいなければ、この言語を話す機会はほとんどない。そのため一部のイディッシュ語話者は集会を開いている。

　筆者はその中でも規模が大きく40年以上活動を続けているエルサレムの「イディッシュ文化会」と、60年以上活動を続けているテルアヴィヴの「労働者の輪」を調査した。またイディッシュ語専門の書店「ペレツ出版」と、『最新ニュース』というイディッシュ語新聞についても調べた。するとこれらの活動にかかわる人々の多くがすでに高齢で、新規の参加者はほとんどおらず、活動の規模は縮小を余儀なくされていることがわかった。

[1]「イディッシュ文化会」

　エルサレムでは「イディッシュ文化会」（Yidishe Kultur Gezelshaft）の定例会がひっそりと続けられてきた。この会はイディッシュ語とは直接関係のないナアマート（NA`AMAT[81]）という女性団体の集会場で行われている（図1-8）。集会場に常駐している事務員たちはイディッシュ語を話さず、文化会の参加者たちとヘブライ語で話していた。

　現在の参加者は、70歳以上とみられる高齢者たちばかりである。代表は

図1-8 ナアマートの集会場

イディッシュ文化会の参加者たちはバスや徒歩、または家族の送迎などで会場に集まる。

図1-9 「イディッシュ文化会」の定例会のようす

整然と並べられた椅子に座り、静かに会の代表のドゥニッツ氏の話を聞く参加者たち。終了後は参加者が会場の後片付けをする。(2007年3月、筆者撮影)

モルデハイ・ドゥニッツで、本章2節「『死にゆく言語』のための学校教育」で前述した教育省に雇われていた話者である。文化会は1970年頃に旧ソ連からの移民が中心になって、イディッシュ語を話す目的で始められ、40年ほどにわたって続いている。集会ではイディッシュ語でコンサートを聴いたり、講演を聞いたり、映画を観たりする。もともと参加者は今よりも若かったがだんだんと高齢化し、若い世代が参加することもほとんどないため、結果的に高齢者の集会となっている（図1-9）。

集会は、はじめのうち1ヶ月に1回の頻度で開かれていたが、ある時期から1週間に1回に増えた。冬期は毎週月曜日の午前中に、夏季は夕方に2時

間ほど集まる。開始前にはヘブライ語やイディッシュ語、ロシア語や英語、ポーランド語などで雑談している。司会を務めるドゥニッツのイディッシュ語のスピーチで、会場は静かになり集会が始まる。イディッシュ語が彼らの集会の共通で公式の言語であり、全体に向けた発言はイディッシュ語でされる。

　文化会の運営には会場の賃料や講師への謝礼などさまざまな経費がかかっている。運営費は参加者から毎回徴収する参加費15シェケル（1シェケルを33円として換算すると500円弱）とエルサレム市からの援助でまかなわれている。けれども会の存続のためには、経費を削減したり、新規の参加者を増やさなければならない。国内外の著名なイディッシュ語話者の講演に学生が訪れたり、参加者の孫が連れられて来たりするが非常にまれである。ほとんどの場合は高齢者以外には、高齢者の身の回りの世話をする外国人の女性が参加するのみであった。

　集会では講演や朗読、コンサートや映画鑑賞、ユダヤやイスラエルの年中行事に合わせたイベントなどが行われている。イディッシュ語でコンサートや講演ができる人の数には限りがあるからか、年に何度か同じ歌手のコンサートがあり、同じ人物が講演している。出演者はドゥニッツや参加者の個人的な人間関係を駆使して集められており、参加者はおおむね内容に満足しているようである。

　2007年1月15日に前年度の反省会が行われた際には、ドゥニッツが2006年の活動内容を読み上げ、2007年も同じような内容でよいかと問いかけた。すると参加者たちは、「楽しかった」と同じ企画を望んだり、講演会よりもコンサートや映画鑑賞をもっと増やすようにと口々に言った。彼らからは集会以外の場所でも批判は聞かず、おおむね満足しているようであった。

　文化会以外では普段イディッシュ語に触れる機会が少ない中で、彼らがこの会に求めているのは、慣れ親しんだ内容の出し物と、そこに集まる人々との交流なのだろう。この集会の内容を図1-10と表1-3に示した。2008年9月1日にコンサートをした歌手アナトリー・ライン[82]は、文化会のメンバーの知り合いである。毎年この団体で数回イディッシュ語とロシア語で歌を披

図 1-10
「イディッシュ文化会」の
2008 年 9 月〜 10 月の予定表

毎号、白い紙に青や黒など一色で、両面刷りされている。市から補助金を受けており、一番上にヘブライ語で「エルサレム市文化局イスラエル文化保護課」と書かれている。おおよその和訳は表 1-3 に示した。
(*Moadon Yidish 2008 9-10*)

表 1-3 「イディッシュ文化会」の 2008 年 9 月の予定

日	内容
1日	アナトリー・ラインによる新年祝賀コンサート
8日	イェヒエル・シェイントフ教授による講演 「イディッシュ語の100年：1908〜2008年」 ミリアム・トリンによる講演 「イディッシュ語、ポーランド語、ドイツ語、ヘブライ語 5つの言語におけるゲットーとキャンプの詩」
15日	年明けを祝して イディッシュ語映画の大画面鑑賞 「歌手たちによるイディッシュ語の歌のコンサート」
22日	新年の夕べ モルデハイ・ドゥニッツによる講演「I. L. ペレツに勝る者はいない」 ラヘル・ラポポルトの朗読

集会はいずれも月曜の午後 5 時から開始。（図 1-10 を和訳）

I　イスラエルにおける「死にゆく言語」の現状　　057

露している。9月8日に講演したイェヒエル・シェイントフは、代表者モルデハイ・ドゥニッツとイディッシュ語を通じた何十年にもわたる付き合いがある。またミリアム・トリンは前述したイディッシュ語で子育てしている研究者で、当時シェイントフ教授のもとで博士論文を執筆していた。

　この定例会に毎回参加していたブルーマという女性は、ポーランド出身のイディッシュ語話者の両親のもとアメリカで生まれた。イスラエルに移住したのは1973年である。東欧からイスラエルに直接移住したわけではないが東欧系ユダヤ人である。

　彼女は父親の意向から、ニューヨークの東欧ユダヤ学術研究所（YIVO）でイディッシュ語を学習し、知り合いの子どもに教えていたこともある。ニューヨークでは、著名な研究者や歌手らとイディッシュ語を通して知り合い、現在でも付き合いがある。亡き夫と初めて話した言語もイディッシュ語であった。

　イディッシュ語は彼女にとって夫や両親との共通の言語で、青春時代の言語である。英語が母語で第一言語だが、イディッシュ語もヘブライ語より得意でほとんど母語だと考えている。しかし普段の生活ではイディッシュ語を話す機会がほとんどない。彼女は文化会について次のように語った。

> あそこのプログラムはハイレベルよ。みんなイディッシュ語がよくできるからね。私が〔文化会以外の〕人々にイディッシュのクラブに行くと言ってもね、みんなわからないのよ。私がクラブに行って、他の人とイディッシュ語で雑談するだけだと思っているの。でもね、あれはユダヤ性やさまざまなことについて高い水準で学ぶ集会よ。だから私も参加しているの。
>
> Bluma Lederhendler, 2008年1月13日（イディッシュ語）

　文化会は、イスラエルにいながらイディッシュ語と東欧系ユダヤ人の文化に触れられる数少ない機会である。ブルーマが言うように、イディッシュ語で講演を聞き、議論するクラブがあることなど、想像できないイスラエル人

がほとんどであろう。

　このような貴重な集会であるが、この集まりについて中年、若年層のイディッシュ語学習者や話者は、「老人の集まり」、「時間が合わない」などと見なし、知ってはいるがそれほど興味がないようである。高齢者はまれに若い世代の人が参加すると喜んではいるが、若い世代が参加しやすいようにプログラムを組み替えたり、時間を調整したりということはなかなかしない。結果的に文化会は、高齢者たちによる高齢者のための集会となっている。

[2]「労働者の輪」

　テルアヴィヴに事務所と集会場をもつ「労働者の輪」（Arbeter-ring）は、ニューヨークなど世界各地に支部が存在するユダヤ人の労働者団体「ブンド」（Bund）のイスラエル支部である。毎月2回ほど定例会を開いている（図1-11）。

　ブンドの正式名称は、「リトアニア、ポーランド、ロシアにおけるユダヤ人労働者総同盟」（Algemayner yidisher arbeter bund in lite poylin un rusland）で、マルクス主義に傾倒したユダヤ人たちによって、1897年に当時ロシア領のヴィルナ（現在のリトアニアの首都ヴィリニュス）で設立された[83]。ユダヤ人の労働者が劣悪な条件で働かされることに反対し、ロシア

図1-11　「労働者の輪」の定例会のようす

高齢者の参加が目立つ。40人から50人ほどの人々が着席して講演を聞いている。テーブルの上には飲み物や食べ物などが置かれている。（2008年9月、筆者撮影）

I　イスラエルにおける「死にゆく言語」の現状　　059

の社会主義革命に向けて活動していた。当初は実用性からロシア語よりもイディッシュ語を使用していた。

　ユダヤ人のロシア語への言語的な同化が進み、イディッシュ語の話者が減ってからも、ブンドは文化の保護と自治のためにイディッシュ語を「民族語」とし、使用を促した。第二次世界大戦中には東欧のユダヤ人組織として、各地域でイディッシュ語の新聞発行や出版、図書館や食料供給所の管理などを行った。ナチがポーランドに侵攻した際は地下抵抗運動を展開して大半が戦争の犠牲となった。戦後はその生存者が各移住先で支部を設立し、イスラエルでも1951年に「労働者の輪」が設立された[84]。

　「労働者の輪」はもともと労働運動を行っていたが、近年ではメンバーのほとんどが高齢で、その運動はあまり活発ではないようだ。彼らの集会について活動計画を参照する（図1-12，表1-4）。

　彼らが主催する講演会のほとんどは、イディッシュ語の文化や文学に関係する内容で、イディッシュ語で行われている。労働運動とは関係なく、イディッシュ語の文学や文化といったテーマで、編集者や研究者などが招かれて講演しているのが目立つ。参加者は会の前後にポーランド語やヘブライ語なども話していたが、会の間は積極的にイディッシュ語を話していた。

　彼らの定例会も「イディッシュ文化会」と同じように、新規の参加者がほとんどいない。平日の午前中といった時間帯は高齢者には都合がよいが、若年層には参加が難しいだろう。運営にかかわる者の中で、50歳代と例外的に若いベラ・ブリクス＝クレイン[85]は次のように語った。

> 若い人の参加を増やしたいわ。若い人はとっても重要だから。だけどそのためには、集会を夕方に開かなければならないわ。今のところ集会は午前中に開いているから、働いていたり勉強したりしている人は、都合が合わなくて来られないでしょう。ここの門戸を少し広げなければならないわ。
>
> Bella Bryks-Klein, 2008年8月20日（イディッシュ語）

図1-12

2008年9月から12月の「労働者の輪」の文化活動計画

A4用紙に黒で印刷されている。「労働者の輪」、住所、電話番号、ファクス番号がヘブライ語で、その他はイディッシュ語で書かれている。表1-4に和訳を示した。(*Plan fun kultur unternemungen fun krayz baym arbeter ring far di khadoshim september detsember 2008*)

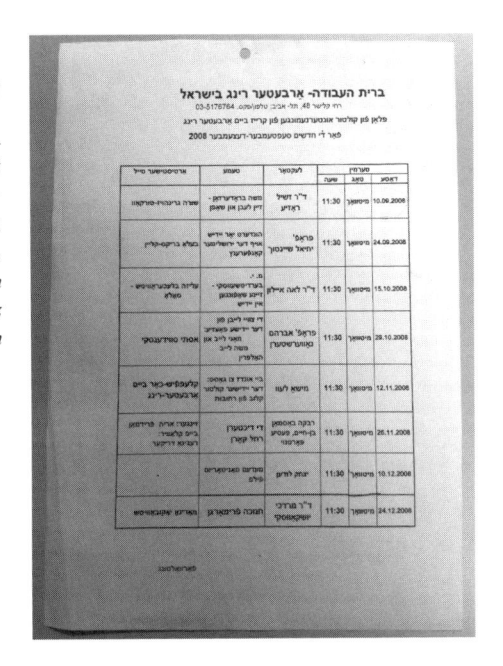

表1-4　2008年9月と10月の「労働者の輪」の文化活動計画

開催日	講演者と内容
9月10日 午前11:30〜	ジル・ロジエ[86]博士 (パリのイディッシュ語雑誌『ギルグリム』編集長) 「モイシェ・ブロデルゾン[87]の生涯と作品」
9月24日 午前11:30〜	イェヒエル・シェイントフ教授 「イディッシュ語の100年　エルサレムのシンポジウム[88]」
10月15日 午前11:30〜	レア・アヤロン[89]博士 「M. Y. ベルディチェフスキー[90]のイディッシュ語作品」
10月29日 午前11:30〜	アヴラハム・ノヴェルシュテルン教授 「イディッシュ語作家の2つの人生：マニ・レイブとモイシェ＝レイブ・ハルペルン[91]」

(図1-12の一部を和訳)

しかし彼女のように危機感をもつ高齢者は少ないようで、「労働者の輪」は規模を縮小せざるをえない。彼らの活動の危機はII章3節 [1]「個人出版の展開　第一期」で述べる『人生の問い』の存続の危機ともかかわりが深い。

[3] イディッシュ語専門書店「ペレツ出版」

　都市テルアヴィヴの一角に、現在でもひっそりと超正統派ではないユダヤ人向けのイディッシュ語書籍を扱う唯一の書店「ペレツ出版」（Farlag I. L. Perts）がある。書店名は作家イサク・レイブ・ペレツ[92]にちなんでつけられている。店舗は「イディッシュ文化国立機関」の事務所と同じ建物の1階部分に位置し、週に2、3日、平日の午前中だけ営業している。仕事や学業があれば、訪れるのは難しい。

　筆者はこの書店を知るイディッシュ語話者たちから、「もうすぐ閉店してしまうかもしれない」、「午前中に行かないと閉まってしまう」などと聞いていた。必要な本は大学やインターネット、研究者を通じて手に入り、限られた時間しか開いていない書店に大学の授業を休んで行く若者はなかなかいない。

　筆者がこの書店を訪ねたのは、イスラエルにおけるイディッシュ語の出版物について本格的に調査し始めた2008年9月になってからであった。知人から「見た目は書店だが一般の書店と異なり、店主に本のタイトルを伝えて棚から見つけ出してもらわねばならない」と聞いていた。訪ねてみると実際にその通りで、店主が本棚のどこに何があるかを把握しており、客が困ることはないものの、本棚に何の表示も見あたらない。筆者が店主に欲しい2冊の本のタイトルを言うと、彼がすぐに本棚から見つけ出してくれた。

　店主は、筆者が帰るときにペレツ出版の図書目録を手渡した（図1-13）。図書目録には、イディッシュ語の本、ヘブライ語の本、そして他の出版社で出版された英語の本が掲載されている。2008年に渡されたその目録は2002年に作られたものであるが、おそらく最新版と考えられる。ほとんど新刊が出ていないのであろう。

　この図書目録の裏表紙には、次のように書かれている（図1-13の楕円で囲んだ部分）。

図 1-13

ペレツ出版の図書目録の表紙(上)と中面

見開きで A4 ほどの白い用紙に表紙は小豆色で印刷されている。本の価格はイスラエルの通貨単位シェケルではなく米ドルで表記されている。イスラエル内外の作家によって書かれた本が扱われている。(Peretz library and publishing house 2002: 表紙、2-3)

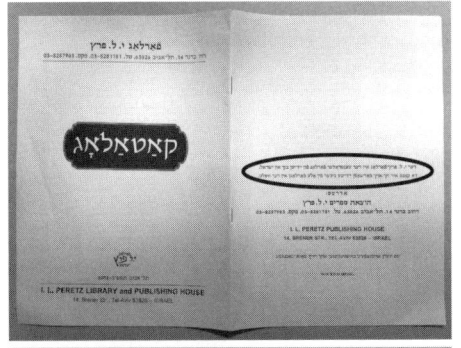

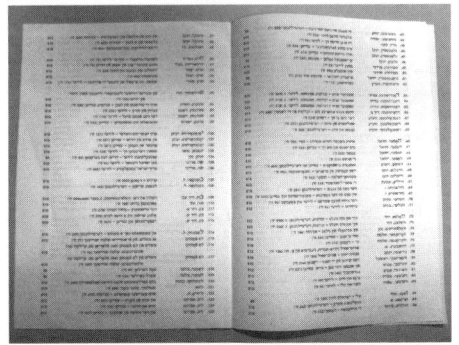

　　ペレツ出版は、イスラエルで中心的なイディッシュ語の本の出版社です。全世界の出版社からイディッシュ語の本を調達することも可能です。

Peretz library and publishing house, 2002（イディッシュ語）

　しかし、イディッシュ語で、「中心的な」(Tsentraler) と自称する出版社でも、新刊を出すことはほとんどない。書店を1人でやりくりしている店主は高齢で、それほど客も来ていないようである。書店が閉店するという噂について尋ねると、店主はイディッシュ語で、「もうすぐ閉店すると思うが、いつかは決まっていない」というようなことを少しおどけたように話した。
　この書店が閉店すると、イディッシュ語の本は大学の書店にある外国語学習コーナーや、一部の古書店でしか手に入らなくなるだろうが、それがいつ

になるかは店主に委ねられている。

[4] イディッシュ語新聞『前進』と『最新ニュース』

かつてイスラエルでもイディッシュ語新聞が発行されていたが、2006年以降は発行されていない。イスラエルの超正統派ユダヤ教徒以外の話者がイディッシュ語で新聞を読む場合、ニューヨークの『前進』（Forverts）を読むことになる（図1-14）。これは週刊新聞で、アメリカとイスラエルをはじめとした世界のユダヤ人の情報が掲載されている。

イスラエルの社会情勢は『前進』に毎号掲載される。イスラエルの出版人は、現地の情勢の記事をニューヨークへ電子メールなどで送る。記事はニューヨークで校正され数日後の新聞に掲載される。イスラエルには新聞は電子データが送られ、イスラエルで印刷されて読者に郵便で届く。読者はイスラエルの時事については、すでにヘブライ語やロシア語、英語など他の言

図1-14
『前進』イスラエル版の一面

もともと多色刷りの新聞であるが、イスラエル版は白黒。イスラエル以外の国の読者にはニューヨークから郵便で届けられる。イスラエルは他国とは異なり、郵便ではなく、担当者に電子データが送られイスラエルで印刷される。他の国に比べれば読者が多いのであろう。（22 June 2007, Forverts）

語で読んでいるであろう。

　2006年の7月まではイスラエルでも『最新ニュース』（*Letste Nayes*）という新聞が発行されていた（図1-15）。

　『最新ニュース』はイスラエルが英国統治から独立した翌年の1949年に、出版人のモルデハイ・ツァーニンが「イディッシュ語で新聞を発行する」という強い思い入れをもって創刊したものである（II章4節［1］「モルデハイ・ツァーニン」参照）。筆者の調査の範囲では読者数の詳細はわからなかったが、出版人らによれば、1960年代までは多くの読者がいたという。

　2006年時点の読者層はよくわからず、話者の高齢者たちですら廃刊直前まで購読していたか疑問である。彼らの多くは、ヘブライ語の他にも、ポーランド語、ロシア語、英語など複数の言語を話し、読むことができる。イディッシュ語の前に他の言語で必要な情報を得ていたであろう。

　若年層のイディッシュ語話者、学習者に「『最新ニュース』は誰に読まれ

図1-15
『最新ニュース』最終号の一面

カザからイスラエルにロケット弾が撃ち込まれたことについての記事。21世紀になってイディッシュ語で読む者は少なかっただろう。（7 July 2006, *Letste Nayes*）

I　イスラエルにおける「死にゆく言語」の現状　065

ていたのか」と尋ねると、彼らは「知らない」、「誰も読んでいなかった」とか、「老人」、「イディッシュ語話者」などと答えた。学習者にはほとんど読まれていなかったようで、イディッシュ語の授業や読書会で教材として使用されたこともなかった（Ⅲ章4節「私的空間における学習活動」、5節「公的空間における学習活動」参照）。

　ヘブライ大学でイディッシュ語の講座を受講したある学生は、筆者に次のように話した。街の新聞スタンドで見かけた『最新ニュース』を購入して何度か読んでみたこともあった。けれどもすでにヘブライ語やロシア語、英語で読んだニュースを、もう一度、週の終わりにイディッシュ語で読む必要はないと、すぐに読むのをやめたという。イディッシュ語はユダヤ人の重要な文化遺産だというのは否定しないが、わざわざその言語でニュースを読む必要はないと話した。彼のように考えるのが多数派であろう。

本章のまとめ

　イディッシュ語は、かつて東欧系ユダヤ人が話す主たる言語のひとつであった。現在では、イスラエルの住人はその存在を知ってはいるが、超正統派ユダヤ教徒や高齢者の一部を除いてはほとんど話さない。
　このような状況の中で、イディッシュ語はユダヤの文化遺産としての価値がある「文化」だと評価され、保護と研究の対象となっている。話者やその子孫が中心となって、一部の公立学校で語学教育を行い、イディッシュ語の演劇を上演し、大学で研究を行っている。しかし日常の言語として機能するまでに、実用性が高められるわけではない。
　イディッシュ語が保護される一方、話者たちも存命でありこの言語を話す空間を維持してきた。話者が自発的に活動を起こさなければ、イディッシュ語を話す機会を維持するのは難しかった。話者たちは現状を維持するのが精一杯なようで、集会は参加者の高齢化に伴って規模を縮小している。
　イディッシュ語が話される機会のみならず、書かれ、読まれる機会も減少

している。イディッシュ語の書籍を専門に扱う書店はいつ閉店してもおかしくない状況で、半世紀以上続いた『最新ニュース』は2006年7月から発行されていない。

　この状況で非超正統派ユダヤ教徒で次世代のイディッシュ語話者となりえるのは、この言語の学習者と研究者だと考えられる。しかし21世紀初頭において存命の話者と学習者の接点は、話し言葉においても書き言葉においても少ない。こういった状況から、この言語が高齢者から直接若い世代に生活の中で伝えられることは難しく、教育の場で教えられる限られた内容が受け継がれていくことになるだろうと考えられる。

II
縮小再生産を続ける
イディッシュ語個人出版

　本章では、イスラエルが英国委任統治から独立した1948年から2008年までのイディッシュ語「個人出版」の変遷について、先行研究とイスラエル国立図書館で得られた書誌情報、新聞雑誌の記事と聞き取り調査などに基づいてまとめる。主な先行研究として、イスラエル独立当時に新聞雑誌が創刊された経緯の社会言語学的な研究であるRojanski（2005a）と、19世紀末から20世紀末にかけてのパレスチナとイスラエルにおけるイディッシュ語出版の歴史を概観したLuden（1996）を参照する。

　1節では本書における個人出版の特色と本調査について述べ、2節では主要な個人出版について、各々が創刊された時期のイスラエルの時代背景を考慮しながら、3つの時期に分類する。3節ではそれぞれの時代における個人出版について、4節では個人出版にかかわってきた3人について述べる。

2.1　個人出版の特徴と調査

　本書における「個人出版」とは、個人やそれに準ずる小規模の組織が運営し、それを担う中心人物の信念や情熱が主たる原動力となっている出版活動のことを指す。個人出版は個人の利益や名誉のためではなく、何らかの強い意義や思い入れのための活動であり、内容や期間などについて特定の個人に

委ねられる部分が大きいという傾向がある。前述した通り、筆者はこれらの特徴をもつイスラエルにおけるイディッシュ語の出版活動を商業出版とは見なしがたいと考え、「個人出版」として調査分析を進めた。

　当初筆者はこの活動は商業出版であり、その発行部数、読者層、広告収入などのデータが存在し、時代ごとの推移が明らかになるであろうと考えていた。しかし現地で出版人に聞き取りをしてみると、出版活動は出版人と読者の個人的なつながりによって営まれてきたことが明らかになってきた。そして表向きには異なる雑誌、新聞に見えても、実際はひとりの出版人が非常に似通った複数の新聞を編集していることもあった。

　さらに政府や政党の定期刊行物でさえ、イディッシュ語のものについては出版人が政党や政府を利用し、創刊したものであった。そのため本書ではイディッシュ語の政府刊行物についても、ほぼ個人出版であるとして調査を進めた。

　イスラエルにおけるイディッシュ語の個人出版について、調査を進めて明らかになったのは以下の7点の特徴である。

1. 出版人がイスラエル国外で生まれた東欧系ユダヤ人で、幼い時にイディッシュ語を習得している。
2. 出版人がイスラエルでイディッシュ語の定期刊行物を発行することに強い思い入れをもっている。
3. 出版人と読者の緊密な人間関係によって活動が支えられている。
4. 出版人にとって個人の名誉や利益が第一の目的ではない。
5. 通時的にみると、寄付と出版人の献身によって出版されていた時期が長い。
6. 読者数や発行部数などの記録があまり残っていない。
7. 発行の継続などが出版人の個人的な事情に委ねられ、後継者への引き継ぎが難しい。

　以下では個人出版を時代ごとに分類し、各時期の特徴をつかむ。個人出版

の経過を把握した後、Ⅲ章で述べる言語学習活動とあわせてイスラエルにおけるイディッシュ語の動態を把握する。

2.2　時代の変遷と個人出版

イディッシュ語個人出版を創刊期に基づいて3つに分類した（表2-1）。イスラエルが英国委任統治から独立した1948年から1950年代を個人出版第

表 2-1　創刊期に基づき分類した主要なイディッシュ語個人出版

ID**		発行期間（年）	創刊者
	[1] 第一期		
a	『イラスト週間新聞』	1948～1949	モルデハイ・ツァーニン
b	『最新ニュース』	1949～2006	モルデハイ・ツァーニン
c	『黄金の鎖』	1949～1997	アヴロム・スツケヴェル
d	『人生の問い』	1951～	I. E＝アルトゥスキー
e	『若きイスラエル』	1954～1957	作家団体「若きイスラエル」
	[2] 第二期		
f	『我が家で』	1972～1989	イツハク・ヤナソヴィッツ
g	『エルサレム年鑑』（第Ⅰ期）*	1973～1998	ヨセフ・ケルラー
	[3] 第三期		
h	『エルサレム年鑑』（第Ⅱ期）*	2003～	ドヴ＝バー・ケルラー
i	『コロン』	2000～	ヤアコヴ・ベッサー

*『エルサレム年鑑』は筆者の判断により2期に分けた。
** それぞれの個人出版に、創刊年が早いものから順にaからiのラテン文字をあてている。以下、本文でそれぞれの雑誌について言及する際、見出しにも用いた。

一期とし、旧ソ連などから新移民のイディッシュ語話者がイスラエルに住み始めた1970年代を第二期とし、イディッシュ語がユダヤ人の文化や歴史の一要素として保護され始めた2000年代を第三期とした[1]。第一期には話者たちへの情報発信や批評、創作活動の場として、第二期には旧ソ連からの新移民が自分たちの創作の場として個人出版が創刊された。これらとは異なり第三期には、イディッシュ語で出版すること自体を目的として創刊された。

イスラエルにおけるイディッシュ語個人出版は、本書で扱う他にも複数存在する。筆者は全部で25種類の新聞や雑誌などについて調査したが、中には発行年や発行母体などが明確にならないものもあり調査しにくかった。そこですべての個人出版を網羅的に扱うことよりも、全体の変遷を捉えることを重視した。そのために現地の出版人や研究者たちとのディスカッションを参考に選んだ9つの出版物に焦点を絞り、各時期の個人出版の特徴についてよりわかりやすくした。

イスラエル独立前のパレスチナに19世紀後期以降、ロシアやポーランドなどから建国を目的にユダヤ人が移住した。これはヘブライ語でアリヤー[2]と呼ばれ、1882年からイスラエル建国時まで段階的に行われた[3]。建国以前にもイディッシュ語話者によって隔週発行されていた雑誌『シオン門』（*Shaarei Tsion*, 1876〜1885）や週刊誌『我が兄弟』（*Unzere Bruder*, 1911）があったようである[4]。

イスラエルが英国統治から独立する数年前から、ナチによる迫害を逃れた多くの東欧系ユダヤ人がパレスチナに移住していた。1948年5月14日の独立宣言の後、翌1949年1月に総選挙が行われ、イスラエル労働者党（マパイ）が第一党となった。初代首相となったのは、ポーランド生まれのダヴィッド・ベン＝グリオンだが、話者でありながらイディッシュ語を罵っていた（I章1節「イスラエルの主な言語とイディッシュ語」参照）。1950年7月になると政府は帰還法を制定し、世界のユダヤ人に対してイスラエルへ帰還する権利を付与して受け入れを拡大した。

この建国期に創刊された個人出版として、『イラスト週間新聞』（*Ilustrirter Vokhnblat*, 1948〜1949）、『最新ニュース』（*Letste Nayes*, 1949〜2006）、『黄

金の鎖』(*Di Goldene keyt*, 1949〜1997)、『人生の問い』(*Lebns-fragn*, 1951〜)、『若きイスラエル』(*Yung Yisroel*, 1954〜1957) が挙げられる。本書ではこれらを第一期個人出版とした。

イスラエルが1967年の第三次中東戦争で勝利して、ヨルダン川西岸とガザ地区を占領し領土を拡大すると、政府は1970年に帰還法を改正して旧ソ連やアフリカなどからたくさんの移民を受け入れた。

この時期の旧ソ連からの新移民によって創刊されたのが、『我が家で』(*Bay zikh*, 1972〜1989) と『エルサレム年鑑』(*Yerusholaymer Almanakh*, 1973〜1998) である。これら新移民が自らイディッシュ語で創作する場をつくった時期を第二期とした。

21世紀に入ると、雑誌『コロン』(*Toplpunkt*, 2000〜) が創刊され、1998年を最後にしばらく発行されていなかった『エルサレム年鑑』(2003〜) が再び発行され始めた。これらの雑誌は話者が非常に少なく、文化や学術的な記事をイディッシュ語で読む者が限られる中で創刊されている。筆者はイディッシュ語で出版することが自己目的化している個人出版であると分析し、第三期個人出版とした。

2.3　個人出版の展開

本節ではそれぞれの時期に創刊された個人出版の詳細について、イスラエルにおけるイディッシュ語の地位と出版活動の研究Rojanski (2005a)、出版人による出版活動の歴史を扱ったLuden (1996) を参照してまとめる。

[1] 第一期　1948 (独立)〜1950年代
a.『イラスト週間新聞』(1948〜1949)

1948年5月にイスラエルがイギリスから独立すると、同年7月からイディッシュ語個人出版が創刊された。イスラエルで初めてのイディッシュ語週刊新聞『イラスト週間新聞』(*Ilustrirter Vokhnblat*[5]) である。この新聞は

翌年10月まで1年強にわたってテルアヴィヴで発行された[6]。この新聞の創刊者は、1941年にポーランドからパレスチナに移住したモルデハイ・ツァーニン[7]である。彼は移住前からイディッシュ語の出版活動に携わり、建国時から半世紀を超える長い期間にわたってイディッシュ語個人出版を続けていた人物である（本章4節［1］「モルデハイ・ツァーニン」参照）。

　モルデハイ・ツァーニンによるイディッシュ語新聞の発行は、容易なものではなかった。Rojanski（2005a）によれば、ツァーニンはこの新聞を発行するために、事前に政府に働き掛けを行ってようやく許可書を得たのだが、それにもかかわらず発行は長くは続かなかった。廃刊のきっかけは軍部の購読中止である。軍部の講読は、イディッシュ語の新聞がイスラエルで認められているという「証し」でもあったので、このできごとは痛手となったようだ。イスラエル軍はもともと、この新聞を数百部購読していた。兵士たちの間にも、イディッシュ語の新聞の需要があったのだろう。しかし1949年の終わりになると、軍部は突然に購読を止めたという。兵役中の移民たちに彼らがヘブライ語よりも得意とするイディッシュ語で情報を提供することによって、ヘブライ語の習得が遅れると危惧されたのである[8]。

b.『最新ニュース』(1949〜2006)

　その後1949年末に『最新ニュース』(*Letste Nayes*[9], 1949〜2006) がテルアヴィヴで創刊された。イスラエルで約半世紀続いた唯一のイディッシュ語新聞である。これを創刊し、長年にわたり編集を務めたのも『イラスト週間新聞』を創刊したモルデハイ・ツァーニンである。Rojanski（2005a）によれば、発行が難しくなった『イラスト週間新聞』に代わるものとして『最新ニュース』を創刊した（図2-1）。

　次に引用する新聞のサブタイトル[10]のように、彼はこの新聞を無党派新聞とし、政治的に中立の立場をとることをわざわざ宣言している。

　　社会、政治、経済そして文化を扱う、無党派新聞
　　　　　　　　Jewish national and university library online catalog（イディッシュ語）

図 2-1
創刊当初の『最新ニュース』
第一面

主要記事のタイトルを楕円で囲った。上から順に「大量移動人員エジプトとシリアに到着」、「ユダヤ人3,000人にハンガリーからイスラエルへの移住許可」、「〔ニューヨークでストライキにより〕列車600本停止」(3 November 1949, *Letste Nayes*)

　ツァーニンは、当初は週刊だった『最新ニュース』を日刊新聞にすることに後に成功したが、それは非常に困難な道のりであったようである。その頃イスラエルで英語の『エルサレム・ポスト』(*Jerusalem Post*)、フランス語の『イスラエルの声』(*L'echo d'Israel*) ドイツ語の『新情報』(ただし、新聞名はドイツ語ではなくヘブライ語で *Yediot Khadashot*) などといった、6つの日刊外国語新聞が存在していた。ツァーニンも内務省に数年間交渉したが、イディッシュ語新聞を日刊にする許可はなかなか下りなかった。政府はとりわけツァーニンのイディッシュ語新聞に対して厳しく規制していたようである。
　詳細は本章4節［1］「モルデハイ・ツァーニン」で述べるが、彼の下で働いていた出版人やツァーニンの息子などによれば、ツァーニンは、イディッシュ語新聞をより早い段階で日刊にするために、政府から許可が下りる前に

別名で新聞を発行することにした。読者の間では、これらが別名だが同一の新聞だということが暗黙の了解であった。『最新ニュース』で連載されている小説の続きが翌日に出される別名の新聞に掲載され、その翌日には続きが『最新ニュース』に掲載された。イディッシュ語日刊新聞が政府公認になる前から、出版人と読者の間では事実上の日刊がなされていたのである。

　Rojanski（2005a）によれば、実は政府もイディッシュ語新聞の事実上の日刊を黙認していたという。なぜ政府が黙認していたかは不明であるが、イディッシュ語の情報が多くの人々に必要とされていることは変えようのない事実だったのだろう。

　『最新ニュース』を非公式に日刊化するために発行された新聞の名称については、筆者が調べた限り2つあった。Rojanski（2005a）は1953年から『今日のニュース』(*Hayntike Nayes*[11])が発行されたとしており、Luden（1996）などは1954年から『イディッシュ新聞』(*Yidishe Tsaytung*[12])が発行されたとしている。創刊年と名称は異なるが、両者とも『最新ニュース』が発行されない日を穴埋めするために発行されたとしている[13]。

　ツァーニンは1950年代末にようやく『最新ニュース』を日刊化したが、1960年にはこの新聞をマパイ（イスラエル労働者党）関連の会社に売却してしまう。政府との「闘争」を経てようやく日刊新聞を出すことができるようになった直後のことである。ツァーニンは売却してもしばらくは『最新ニュース』の編集長を務めていたが、1977年にその座を退いた[14]。それでも記事はその後も書き続けていた。出版人によればツァーニンの後、『最新ニュース』の編集長は数回交代したという。新聞の発行は日刊から週1回になり、2006年7月以降は発行されていない。

　『最新ニュース』は2006年7月に発行が途絶えたが、その頃はこの新聞がどういった層の人々によって読まれていたか不明であった。イディッシュ語の話者はもちろん話者でない人もこの新聞の存在を知っていたが、話者の中にも近年までこの新聞を読んでいたという人はあまりいなかった。

　第一期に創刊されて半世紀以上の歴史をもつ個人出版は他にも存在する。1949年に創刊された雑誌『黄金の鎖』と、1951年に創刊された雑誌『人生

の問い』である。それぞれ、ヒスタドゥルート（イスラエル労働者連合）と、ブンド（ユダヤ人労働者総同盟）の支部「労働者の輪」が発行元である。前述したように、どちらも政治的な組織が発行母体ではあるが、個人出版的な要素が強い。そして『最新ニュース』と同じように約半世紀という長い期間にわたって発行されている上、イディッシュ語話者や研究者が重要な雑誌と位置づけている。

c.『黄金の鎖』(1949〜1997)

　『黄金の鎖』(*Di Goldene keyt*[15])は、世界的に名が知られているイディッシュ語詩人アヴロム・スツケヴェル[16]（1913〜2010）によって創刊された季刊文学文芸雑誌である。『黄金の鎖』も『最新ニュース』と同じようにテルアヴィヴで出版された。雑誌名はイサク・レイブ・ペレツによるイディッシュ演劇「黄金の鎖」(1909)からとったものであり、ユダヤ人の文化や歴史が時代を超えて鎖のように続くことを意味する[17]。

　創刊者のスツケヴェルは1915年にロシア帝国の町スモルゴン[18]で生まれた。一家でヴィルナ（現在のリトアニアの首都ヴィリニュス）に移住し、後にヴィルナ大学で文学批評を学んだ。当時のヴィルナは東欧系ユダヤ人の学術研究が世界で最も盛んな地域のひとつであった。10代半ばでヘブライ語の詩を書き始め、東欧ユダヤ学術研究所（YIVO）[19]とイディッシュ語作家の団体「若きヴィルナ[20]」において感化され、作風や思想の面で影響を受けていった。

　1930年代からはアメリカのイディッシュ語雑誌に詩を投稿したり、詩集を出版したりして、国際的に活躍するようになった。第二次世界大戦の間も創作活動を続け、ヴィルナのユダヤ人強制居住地区ゲットーで、演劇や講演、詩の朗読会といった文化活動の中心的存在となった。パレスチナに移住したのは1947年である[21]。

　1949年、イスラエルが英国委任統治から独立するとすぐに『黄金の鎖』が創刊された。スツケヴェルは、創刊を少しでも早くするためにヒスタドゥルートと交渉を重ねた。これは建国時の中核となった労働シオニズムの政党、

マパイ（イスラエル労働者党）が率いていた連合である。当時の事務局長はヨセフ・シュプリンザク[22]という、イスラエル建国時に国会の議長になった人物である。スツケヴェルはシュプリンザクに金銭を渡し、『黄金の鎖』の創刊に向けて早急に手続きを進めるように要請した。

　マパイにはもともとイディッシュ語の季刊誌を発行する構想があり、これがスツケヴェルの思惑と一致していた。こうしたことから、イスラエルが独立した2日後の1948年5月16日に、マパイの会議でイディッシュ語の季刊誌を発行する案は可決され、1949年1月に第一次中東戦争の最中にもかかわらず、速やかに『黄金の鎖』の創刊号が発行された[23]。

　Rojanski（2005a）は、この雑誌が円滑に創刊された背景を次のように説明している。政治の中枢部には、国家の文化的な基盤のひとつにイディッシュ語がふさわしいという考えもありイディッシュ語の雑誌を発行するという案もあった。一方で人々がイディッシュ語を話すことを恐れたのだが、スツケヴェルの提案した『黄金の鎖』は知識人が読むことを想定していた。マパイには、これを発行してもイスラエルの大衆にイディッシュ語が定着することはないだろうという安心感があったのだろう。モルデハイ・ツァーニンが「無党派」という主義を貫いて苦戦したのとは反対に、スツケヴェルは政府の事情を巧みに利用したのである。

　『黄金の鎖』はイディッシュ語を読み書きする知識人の雑誌として、約半世紀もの間にわたって発行された。イスラエル国内外のさまざまな作家、出版人、研究者がこの雑誌に記事を寄せてきた。しかし1997年に発行された150号を最後に、この雑誌は発行されておらず、スツケヴェルはその後2010年に亡くなった。

d.『人生の問い』（1951～）

　個人出版の第一期に創刊された中では唯一、現在まで発行されている雑誌が『人生の問い』（*Lebns-fragn*[24]）である。これはブンドのイスラエル支部である「労働者の輪」（Arbeter-ring）が発行する会報である。この団体を率いていたI. E＝アルトゥスキー[25]（1908～1971）が創刊した。雑誌名は、ブ

ンドが東欧で発行していた雑誌の名前をそのまま引き継いでいる[26]。

　会報にはブンドのメンバーたちに向けて、政治、社会、文化などさまざまな話題を掲載している。創刊からしばらくの間は、この団体で労働運動が活発に行われていたという。しかし現在ではメンバーが高齢化して、活動もそれほど活発ではなくなった。『人生の問い』の発行は購読料だけでは続けられず、寄付と、現編集長のルーデン（本章4節［2］「イツハク・ルーデン」参照）をはじめとした出版人や読者などの手弁当的な活動によって支えられている。「労働者の輪」が社会主義の活動をしていたことは、雑誌の副題にも見られる。

　　ペンを良心のなかに沈めよ
　　良心をインクの中に沈める前に
　　――政治、社会、そして文化のための社会主義的月刊誌
　　　　　　　　　Jewish national and university library online catalog（イディッシュ語）

　『人生の問い』の創刊の許可を政府から取るにあたって、『黄金の鎖』を創刊したときのように政治家と出版人の間での交渉があったのかどうかは、今回の調査では明らかにはならなかった。

　21世紀初頭における『人生の問い』は、国内外の時事についてやイディッシュ語の文化や文学などに関連した話題を扱っている。発行母体の「労働者の輪」の定例会と同じように政治的な要素は薄れ、イディッシュ語での交流の場を維持するのを目的としているようである。作品に政治的な思想がみられない詩人リフカ・バスマンも、「労働者の輪」の集まりに参加して同誌に投稿している。

　『人生の問い』は月刊誌として創刊されて約15年後には隔月の雑誌となった。ルーデンによれば、20世紀末には他のイディッシュ語の雑誌の発行は滞っていたが、『人生の問い』だけは発行期間もしばらくの間は変わらず、しかもさまざまな人が読んでいたという[27]。他のイディッシュ語雑誌の読者だった人々が、読んでいた雑誌がなくなり、『人生の問い』を読むようになっていったのかもしれない。しかし時代とともに読者は少なくなっていき、

21世紀初頭の現在では発行の間隔についても3ヶ月以上開くことがしばしばある。

『人生の問い』の発送作業をしているベラ・ブリクス゠クレイン（本章4節[3]「ベラ・ブリクス゠クレイン」参照）によれば、話者の高齢化とともに読者は減少していく一方である。その一つの例として、購読者に送った雑誌が、読者の死亡を理由に未開封のまま次々と事務所に返送されてくると話した。「このところ頻繁だったの」と残念そうな表情をし、出版の存続が難しいことを嘆いていた。出版だけではなく「労働者の輪」の活動も以前のようには活発ではなくなり、今後も活動を続けるためには若い世代を活動に取り込む必要があると考えているという。購読者が少ないために雑誌の発行は寄付で維持されている。しかし寄付は十分集まっていないようで、雑誌に寄付を募集する文書がしばしば同封されてくる。

紙媒体での存続が難しい状況において、2006年から『人生の問い』のウェブサイトが開設され、そこで紙媒体と同じ記事を読むことができるようになった。電子版のための資金はカリフォルニアのインターネット開発基金[28]から調達している。この雑誌が紙媒体から電子媒体に切り替えることを検討しているかどうかはわからない。読者には高齢者が多く、電子媒体を好まない人々も多いだろう。しかし電子媒体への切り替えは、購読料が十分に集められない個人出版を存続させるためには、とくに切実な課題だと考えられる。

e.『若きイスラエル』（1954〜1957）

イスラエルが英国統治から独立し5年ほど経過した頃、北部の都市ハイファで文学雑誌『若きイスラエル』（*Yung Yisroel*）[29]が創刊された。雑誌はわずか4年間だけしか発行されなかったが、イスラエルが独立して間もなくは、地方都市でもイディッシュ語で創作活動が行われていたことがわかる。

雑誌名にもなっている「若きイスラエル」とは、ハイファで1951年から1957年に活動していた若手作家集団の名称である。活動を先導したのは、本節項目 c. で述べた雑誌『黄金の鎖』の創刊者アヴロム・スツケヴェルである[30]。彼のように政界に通じた知識人の力添えが無ければ、ハイファの作

家たちだけで活動して創刊するのは難しかったのだろう。

　現代イスラエルのイディッシュ語詩人の代表的な存在であるリフカ・バスマン・ベン＝ハイム（以下バスマン[31]）も、『若きイスラエル』に投稿していた作家のひとりである。彼女への聞き取り調査は実現しなかったが、『若きイスラエル』の活動の一端を知る手掛かりとして、バスマンがどのような経緯を経てイスラエルでイディッシュ語の詩を創作していたのかNewman (2009) を参考にして述べる。

　バスマンは、当時ユダヤ人が集住していた現在のリトアニアの地方都市[32]で生まれ、子どもの頃からイディッシュ語の詩に親しんでいた。第二次世界大戦中には、ヴィルナ（現在のリトアニアの首都ヴィリニュス）のゲットーで創作活動を行っていた。戦後、彼女は強制収容所から生還したが両親は殺害された。彼女は1945年に東欧で結婚後、1947年に夫とパレスチナに移住し、キブツ[33]と呼ばれる集団農場で生活しながら、ハイファのイディッシュ語若手作家の活動『若きイスラエル』に参加した。

　彼女の友人でもあり、彼女の作品の英訳者でもある研究者のニューマンは、作品にみられる思想について次のように書いている。

> 　バスマンは、際立って非イデオロギー的な詩人です。彼女はホロコーストの後、イスラエルに住むことを選択しました。彼女がイスラエルに根づいていると感じているということは、詩から読み取ることができます。けれども第二の家〔イスラエル〕における政治的運動や社会的潮流にかんするテーマについては、彼女の詩にはみられません。
>
> 　　　　　　　　　　　　　　　　　　　　　　　　　　（Newman 2009）

　シオニズムや社会主義といった政治思想から離れて創作活動を行い、それらを発表するために作られたのが、『若きイスラエル』だったようである。しかし雑誌は1957年までしか発行されなかった。出版母体の資金不足と出版人たちの疲労、そして何より活動にかかわっていた中心的人物が、イディッシュ語での創作をやめたのがその主因とされている[34]。自分の出自を

意識した文化的な活動は、建国当初のイスラエルで生活の基盤を整えることに追われる人々の間には、定着しにくかったのかもしれない。

[2] 第二期　1970年代

1970年代からしばらくの間は、イディッシュ語の定期刊行物が複数創刊された。Luden（1996）は、この時期に発行された10種類ほどの雑誌や新聞を挙げているが、書誌情報を調べてみると、それらの多くは創刊後ほどなくして休刊し、長いものでも数年間しか発行されていなかった。筆者は17年以上という比較的長期にわたり発行されている2つの雑誌『我が家で』(*Bay zikh*) と『エルサレム年鑑』(*Yerusholaymer Almanakh*) に注目した。

f.『我が家で』(1972〜1989)

文学雑誌『我が家で』(*Bay zikh*)[35]を創刊したのは、1972年にイディッシュ語とその文化の保護を目的に結束されたユダヤ文化委員会[36]である。編集をしていたイツハク・ヤナソヴィッツ[37]（1909〜）は、作家として複数の雑誌を編集していた[38]。『我が家で』は1960年代末から70年代にかけてイスラエルにやってきた旧ソ連からの新移民が、イディッシュ語の文学作品を発表する場をつくるために創刊した[39]。『我が家で』の「家」はイスラエルのことを指す[40]。雑誌の副題は次のとおりである。

　新移民、作家の作品のための冊子
Jewish national and university library online catalog（イディッシュ語）

これは1967年にイスラエルが第三次中東戦争に勝利し、1970年に帰還法を改定して旧ソ連から大規模に移民を受け入れた時期である。戦争での勝利をきっかけに「帰還」の気運が高まったこと、また旧ソ連とイスラエルの外交関係が悪化したために、旧ソ連におけるユダヤ人の生活が以前より困難になったことなどが背景にあった。

帰還法の改定以前から、政府はイディッシュ語に対して寛容になっていた。

1966年から67年にかけては、公立学校でイディッシュ語の試験的な授業が行われ、1966年にテルアヴィヴ市などによって「ショレム・アレイヘム・ハウス」というイディッシュ文化協会が設立され、1968年にはイディッシュ語の文学賞「イツィック・マンゲル賞[41]」が創設されていた。

　日常の言語としてヘブライ語が普及し、イディッシュ語がイスラエルの移民第二世代にほとんど定着していなかったという背景があるとはいえ、イディッシュ語に対するイスラエル政府の圧力はかなり弱まっていた。公的にイディッシュ語の文化的重要性が評価された時期は、新移民が作品を発表するには好機となった。ただしイディッシュ語は継承する文化であり、この時期の個人出版も日常の言語としてイスラエルに定着する助けにはほとんどならなかったようである。

g.『エルサレム年鑑』　第Ⅰ期（1973〜1998）

　『我が家で』が創刊された翌年の1973年に『エルサレム年鑑』（*Yerusholaymer Almanakh*[42]）という文学雑誌が創刊された。創刊したのはヨセフ・ケルラー[43]（1918〜2000）で、旧ソ連からの新移民である。もともとイディッシュ語の詩人で編集者だった彼はその活動をイスラルでも続けたのである。

　ヨセフ・ケルラーは、1918年にハーイスィン[44]という現在のキエフ南西の町で生まれ、家族と東欧を転々とした。地域の非ユダヤ人の学校やユダヤ人の職業訓練校で学んだ後、イディッシュ語での創作技法を学び、1935年に地域のイディッシュ語新聞に詩を投稿している。1937年から1941年には、モスクワのイディッシュ劇場[45]の演劇学校でも学んだ。その後、赤軍に参加して戦争で負傷したが、体調が回復すると再びイディッシュ語で創作を始めた。この時期には反ファシズムの団体による新聞『統一[46]』などに投稿し、1944年に初めての詩集も発表している。

　1947年にビロビジャン（ロシア極東部のユダヤ人自治州の州都）に移住してからは、イディッシュ語新聞『ビロビジャンの星[47]』の発行にかかわった。ケルラーは政府がユダヤ人自治区におけるイディッシュ語の教育に圧力

図 2-2
『エルサレム年鑑』
表紙（Vol.1, 1973）

『年鑑』の下には「エルサレムのイディッシュ語作家[51]」と書かれている。創刊時の『年鑑』というタイトルは初期に『エルサレム年鑑』となった。（『エルサレム年鑑』ウェブサイト[52]）

をかけてきたのに公然と対抗し、地域のKGB（国家保安委員会）に警告を受けた。こうした状況の中、彼は1948年にモスクワに戻る。そこで2つ目の詩集を出版しようとしたが、ユダヤ人の本の出版が全て禁止され、ケラーは1950年から約10年間、反政府活動を理由に投獄された。それでも彼は獄中で創作を続けていた。

ヨセフ・ケルラーは帰還法が改定された後の1971年にイスラエルに移住した。移住直前にはイディッシュ語の文学賞のイツィック・マンゲル賞を受賞していた。1972年には『食いしばった歯から出た歌[48]』という本をヘブライ大学から出版した。これは旧ソ連で投獄されている間に書いた作品をまとめたものである。さらにその翌年、エルサレム作家・ジャーナリスト団体[49]を発行母体として、1973年『エルサレム年鑑』を創刊するなど、ケルラーはイスラエル移住を機に出版活動を活発化させた[50]（図2-2）。

『エルサレム年鑑』は1973年から1998年の間に26号発行されたが、それ以降は休刊し、編集長のヨセフ・ケルラーは2000年に死去した。『黄金の鎖』と同様に、影響の強い出版人が高齢化すると、個人出版の存続が難しくなるようすがみられる。

[3] 第三期　2000年代
h. 『エルサレム年鑑』　第Ⅱ期（2003～）
　しばらく発行されなかった『エルサレム年鑑』は創刊者の息子であるドヴ

=バー・ケルラー[53]によって2003年から再び発行されるようになった。

　本書では『エルサレム年鑑』を1998年までを第Ⅰ期、2003年からを第Ⅱ期と2つに分けた。これは第Ⅰ期と第Ⅱ期で編集長が異なり、イディッシュ語の読者の状況も変化したことから、雑誌を発行する目的もおのずと異なっていると考えられるからである。第Ⅰ期は新移民の創作の場をつくることが目的であったのに対し、第Ⅱ期はイディッシュ語で出版することが目的とされているようである。図2-3は『エルサレム年鑑』第28号の表紙である。筆者が白い円で囲んだ表紙左上には、この雑誌について次のように説明されている。

図 2-3
『エルサレム年鑑』
第28号表紙

(『エルサレム年鑑』ウェブサイト[54])

　　文学、文化、そして社会の諸問題についての雑誌

『エルサレム年鑑』ウェブサイト[55]

　この雑誌のウェブサイトには第28号について、英語で次のように書かれている。

　ついに第28号『エルサレム年鑑』が2008年7月にエルサレムで発行されました。イスラエル、ヨーロッパ、アメリカの35人の著者による、新作のイディッシュ語のフィクション、詩や随筆、回想記そして論文が掲載されています。今号は多くの新進気鋭の作家の作品が盛り込まれた記念すべきものです。英語、ヘブライ語、ロシア語の散文や詩の新訳も

掲載しています。

『エルサレム年鑑』ウェブサイト[56]（英語）

『エルサレム年鑑』では、世界各地から原稿が集められ、イディッシュ語の作品だけではなく、他の言語で書かれた作品の翻訳によって内容を充実させている。もともとヨセフ・ケルラーは、エルサレムのイディッシュ語作家の創作の場をつくるために『エルサレム年鑑』を創刊した。帰還法が改定されて新移民が多かった時期には、それなりの需要があったのだろう。しかし息子のドヴ＝バー・ケルラーが再びこの雑誌を発行し始めた2003年には、エルサレムはもとより、イスラエル全体でも作家の人数は限られていたのだろう。しかもイディッシュ語の作品だけは内容的に足りなかったのか、他の言語で書かれた作品をイディッシュ語に翻訳したものを掲載するといった工夫が必要だった。そして雑誌を発行するための資金は、アメリカから調達している[57]。

ドヴ＝バー・ケルラーが、アメリカの大学で教えながら、イスラエルでイディッシュ語の出版をしようとするのは、次のような生い立ちからであろう。彼は1958年にモスクワで生まれ、両親と共にイスラエルに1971年に移住した。ヘブライ大学でイディッシュ語と一般言語学、インド・ヨーロッパ言語学を学んで学士号を取得し、オックスフォード大学でイディッシュ語文献学の研究で1989年に博士号を取得した。その後オックスフォード大学や、アメリカのインディアナ大学で教えている。創作活動も行っており、ボリス・カルロフ[58]というペンネームでイディッシュ語の詩集も出版している[59]。

彼は、フェイスブックでも「エルサレム年鑑の友達」（Friends of Yerusholaymer Almanakh）というコミュニティを作り、イディッシュ語を趣味や仕事とする人々と交流を展開している[60]。ここで集う人々は『エルサレム年鑑』の読者かイディッシュ語の話者や学習者である。

イディッシュ語に関係ある人々とインターネット上で交流できるようになったとはいえ、ドヴ＝バー・ケルラーにとっては父親が続けてきた紙媒体の個人出版をイスラエルで続けることが重要なのであろう。彼もその父親も

生活の中では、ロシア語やヘブライ語、英語など他の言語を使ってきただろう。しかし彼らはイディッシュ語で書き、発表することに強くこだわっている。

i.『コロン』(2000～)

『コロン』(*Toplpunkt*[61])はテルアヴィヴにある「イディッシュ文化国立機関」によって2000年に創刊され、年4回発行されている政府刊行物である。この機関は、市民講座を開くなど、イディッシュ語やその文化をユダヤ文化の一部として保護する活動を行っている。

『コロン』は表向きは政府の刊行物であるが、実質的にはイディッシュ語の研究者や出版人が編集方針を決めて内容を書いている。文学や芸術から社会問題まで、イディッシュ語であらゆる事柄を扱おうという方向性は『エルサレム年鑑』の第Ⅱ期と共通している。文学だけ、芸術だけ、社会問題だけと話題を絞っていたら、毎年4回も発行するのは難しいのかもしれない。

『コロン』創刊時の編集長ヤアコヴ・ベッサー[62]（1934～2006）は、ヘブライ語の作家として知られている。ポーランド生まれの東欧系ユダヤ人で、1950年にイスラエルに移住した。ヘブライ語の詩人だったが、イディッシュ語の詩のヘブライ語訳にも取り組んだ人物である[63]。

創刊号の目次には、イスラエル内外のイディッシュ語出版人、作家、研究者たちが執筆者や翻訳者として名を連ねている。内容は『最新ニュース』の創刊者モルデハイ・ツァーニンへのインタビュー、『黄金の鎖』の創刊者で詩人のアヴロム・スツケヴェルの作品などが掲載されており、イスラエルにおけるイディッシュ語の半世紀を総ざらいしている感がある。

筆者がこの発行母体である「イディッシュ文化国立機関」の事務所を訪ねてみると、廊下にはこれまでイスラエルで上演されたイディッシュ演劇のポスターがずらりと貼られ、そこで働く人々は、本棚に自分の好みのイディッシュ語のCDや自作の教科書を並べていた[64]。彼らのイディッシュ語への愛情が溢れ出ている事務所は、公的機関というよりは、イディッシュ語を保護する使命を果たすために情熱を燃やす非営利の民間団体といった印象であっ

た。

　しかし彼らの情熱とは裏腹に、イディッシュ語の話者は減り、『コロン』が人々に読まれているかどうかもわからない。編集に携わっている人物は雑誌を片手に、「これを作ったって、世界中の何人が読むと思うかね？　ごくわずかだ」と投げやりな言葉をぶつけてきた。イディッシュ語への強い愛情をもっているからであろう。読者がそれほどいないことを承知しながらも、労力を費やし、資金、協力者、掲載する作品と記事を集めている。

　『コロン』は表向きは政府刊行物であっても、内実は政府に公認された個人出版である。イディッシュ語の存続を心配する話者で出版人の関係者らが、政府に働きかけて創刊にこぎつけ、個人的な人脈を使って集めた記事で構成されている。

　2008年からはこの機関の代表は、ハイファ大学の准教授（2008年当時）ラヘル・ロジャンスキーが務めている[65]。イスラエル国内の話者が減少する中、イディッシュ語の研究者が個人出版において重要な役割を果たしているのがわかる[66]。

　イディッシュ語で文学創作する若者は少ないが、一方で若い世代の研究者はおり、調査は続けられている。彼らの中には、イディッシュ語を習得し、日常の会話をこなし、読み書きに熟達した者も多い。次世代もイスラエルでイディッシュ語の個人出版が続けられていくとすれば、それを担うのは研究者たちである可能性が高い。

2.4　出版人とイディッシュ語

　本節ではイディッシュ語個人出版にかかわってきた3人の人物に注目し、新聞、雑誌の記事と、出版人と家族への聞き取り調査のデータをもとにまとめる。

　調査から、出版人同士は出版活動にとどまらず、私的にも親密な人間関係を築いていたことがわかった。ルーデンという出版人は、ツァーニンと一緒

に『最新ニュース』で働いていたときのことについて次のように書いている。

> 私たちは〔……〕家族のようでした〔……〕昼も夜も家族でした。
> Luden, 13-19 February 2009, *Forverts*（イディッシュ語）

　個人的な付き合いがあったのは、出版人同士にとどまらない。個人出版の人手が足りなければ、読者たちが手伝うために事務所を訪れてきた[67]。こういった出版人と読者との関係は現在でも緊密である。作家や出版人が集まるイディッシュ語出版協会の「レイヴィック・ハウス[68]」では、出版人や話者や研究者が集会や講演会のために頻繁に出入りしているし、「労働者の輪」の事務所にも話者たちが「散歩の途中に寄ってみた」、「最新号をとりに来た」などと言いながら立ち寄ってイディッシュ語でたわいもない話をしていく。特にテルアヴィヴに住んでいる話者たちの間には、イディッシュ語を話す者同士の「近所付き合い」のようなものがあるようだった。

　本節では以下、活動の中心となってきた出版人について、個人出版にかかわりだした順に述べる。まず『最新ニュース』を創刊したモルデハイ・ツァーニンについてまとめる。次にツァーニンの下で働き、現在は『人生の問い』の編集長として執筆や編集を担当しているイツハク・ルーデンについて、最後に『人生の問い』の事務作業をしているベラ・ブリクス＝クレインについて記す。

[1] モルデハイ・ツァーニン

　ツァーニンは1906年にポーランドで生まれ、20代からイディッシュ語で執筆活動を始めた。1941年当時ポーランド領だったヴィルナから、ナチを逃れて当時イギリス支配下だったテルアヴィヴに移住した[69]。イスラエル建国直後からイディッシュ語新聞を創刊し、長年にわたって個人出版を繰り広げ、2009年に103歳で没した。

　『人生の問い』と『前進』にはツァーニンの訃報と功績が掲載された。イディッシュ語の雑誌や新聞だけではなく、イスラエルで高級紙とされるヘブ

ライ語新聞『ハアレツ』にも彼の人生を綴った記事が掲載された。いずれもイディッシュ語話者と研究者によるものである[70]。以下ではそれらの記事を参照しつつ、モルデハイ・ツァーニンの息子の証言を引用し、彼が生涯にわたりイディッシュ語とかかわってきた経緯を記す。

　半世紀を超えてツァーニンと一緒に働いたイツハク・ルーデンは、次のように書いている。

> イスラエルにおいて、我らの間でツァーニンはイディッシュ語を意味し、イディッシュ語はツァーニンを意味する。このイディッシュ語とツァーニンは、黄金のボタンで結ばれているのだ。
>
> Luden, 13-19 February 2009, *Forverts*（イディッシュ語）

　この記事からも推測されるように、ツァーニンはイディッシュ語に対して特別な思い入れを持ち、この言語を「いつも」使っていたようである。彼の周りには、仕事でもプライベートでも、いつもイディッシュ語話者がいたのであろう。以下に、彼の生い立ちをまとめる[71]。

　ツァーニンは、1906年にワルシャワから80キロ東に位置するユダヤ人が集住していたソコヲヴ・ポドラスキー[72]という町で生まれた。ヘデルやイェシヴァといったユダヤ人学校で学んだ後、ワルシャワのギムナジウムに通った。

　若い頃からイディッシュ文学に興味を持ち、文学作品をいくつか書いていた。執筆の他には、1921年にワルシャワで創設された世俗ユダヤ人学校、中央イディッシュ学校協会ツィショ（Tsysho）の活動にも参加していた。第二次世界大戦が始まるとしばらくはワルシャワやヴィルナなどに住んでいた。

　しかしナチから逃れるために1941年に東欧を離れ、モスクワからシベリア、さらに日本とインドを経由してパレスチナに移住した。1945年の終わりから1年間『前進』の特派員としてポーランドを再訪している。東欧にかつてユダヤ人が集住していたようすについて取材し、『前進』に連載した。

特派員の仕事を終えてイスラエルに戻ると、イディッシュ語の個人出版を開始する。1948年にイスラエルで初めてとなるイディッシュ語新聞『イラスト週間新聞』(*Ilustrirter Vokhnblat*, 1948〜1949) を、1949年には他2名と『最新ニュース』(*Letste Nayes*, 1949〜2006) を創刊した。『最新ニュース』はもともと週刊新聞として発行されていたが、やがて1958年になると日刊新聞となった。これはツァーニンたちのかねてからの目標だった。1959年以前はイディッシュ語で日刊新聞を出すことは、イスラエルで禁止されていたが、ツァーニンは決然とした態度で政府と闘争して日刊化を勝ち取ったのであった。Luden (1996) によれば、ツァーニンは他にも文芸批評雑誌『私たちのもの』(*Undzeres*[73], 1949) や、『イスラエルの読み物』(*Yisroel Shriftn*[74], 1955) などを発行し、活発に個人出版を展開していた。

図2-4
モルデハイ・ツァーニン
Luden (2009a)

　ツァーニンの出版への情熱的な取り組みについて、『前進』には次のように書かれている。

> イディッシュ語の編集者であり、闘争者であった。
> 　　　　　　　　　　Gotesman, 13-19 February 2009, *Forverts* (イディッシュ語)

> [……] ツァーニンは生涯を通して、イディッシュ語の権利と尊厳、存在と存続のために勇敢に闘った。
> 　　　　　　　　　　Luden, 13-19 February 2009, *Forverts* (イディッシュ語)

闘争について、ツァーニンは好んでそうしたわけではないが、多くの移民たちが必要とする言語で情報を発信できない状況で、それを余儀なくされたのである。離散やホロコーストを思い起こさせる言語だと嫌悪する風潮がある中、わざわざイディッシュ語で新聞を出すことに世間の目も厳しかったかもしれない。

むしろツァーニンは政府との対立を好まず、形式よりも実用性を重視していた。これは彼がひとつの新聞を別々の名前で出して、政府と険悪にならないように配慮したことにも表れている。「無党派」を守り抜くことを信念とした彼にとっては、体裁よりも、大衆に十分な情報提供をすることの方が重要だったのだろう。ツァーニンのイディッシュ語へのこだわりについて、研究者のロジャンスキーは次のように記している。

> ツァーニンは、政治的なイデオロギーのもとにイディッシュ語に固執していたわけではありませんでした。彼はその言語への愛ゆえにこだわっていたのです。イディッシュ語は彼にとって道具であり、目的であり、象徴だったのです。
>
> Rojanski, 13 February 2009, *Haaretz.com*（ヘブライ語）

『最新ニュース』の日刊化から間もなく、ツァーニンは1960年にこの新聞をマパイ（イスラエル労働党）の関連会社に売却した。推測にすぎないが、移民第二世代がヘブライ語を習得するのを目の当たりにし、将来のことも考えると、イディッシュ語で日々の出来事を発信し続けるより、読者が多い時期に新聞を売却してしまったほうが良いと判断したのかもしれない。創作活動に重きをおきたいという考えもあったのだろう。

ツァーニンは新聞売却後も同新聞の編集と執筆に携わり、1966年から1985年にかけて、放浪するユダヤ人を主人公にした『アルトパヌスの帰還』(*Artopanus kumt tsurik aheym*[75])という小説を連載した[76]。1970年にはイディッシュ語の出版協会「レイヴィック・ハウス」を設立する。テルアヴィヴに構えたこの協会で、イスラエルのイディッシュ語作家や出版人の「ご意

見番[77]」として、21世紀初頭まで出版人としての活動を続けた。
　Rojanski（2009）は、記事「記憶を護る人」で次のように書いている。

　　ツァーニンは、"集合的記憶[78]"という用語をおそらく知らなかっただろうが、イスラエルの文化と集合的記憶における、東欧ユダヤ性[79]の立ち位置を確保するための闘争に、その一生をささげました。
　　　　　　　　　　　　Rojanski, 13 February 2009, *Haaretz.com*（ヘブライ語）

　ツァーニンは、イスラエルでイディッシュ語の存在を示し続けた数少ない存在であったのだろう。しかしそれは簡単なことではなく、彼の活動を知っているダニエル・ガライ[80]は、次のように書いている。

　　彼は〔……〕四六時中その言語で呼吸し、苦しんでいた。
　　　　　　　　　　　　Galay, 13-19 February 2009, *Forverts*（イディッシュ語）

　このように仕事でも私生活でも知人や友人とも、さらに家庭内でも妻ともイディッシュ語を話し、苦しくてもその言語を手放さないツァーニンであったが、息子のゼエヴ・ツァーニン[81]とはヘブライ語で話していた。ゼエヴは1948年に生まれた。これはイスラエルが英国委任統治から独立した年で、ツァーニンがイスラエルで初めてのイディッシュ語新聞『イラスト週間新聞』を創刊した年でもあり、イディッシュ語のために奔走していたと考えられる。
　以下は筆者によるゼエヴ・ツァーニンへの聞き取り調査に基づく。
　著者が現地調査した2008年8月末の時点では、モルデハイ・ツァーニンはまだ存命であったため直接会うことを試みた。そこで「労働者の輪」の事務員に相談すると、モルデハイは100歳を超えているし、会話はできないと思うと言われた。そして「イディッシュ語を話さないけれど、それでもよければ」と、息子のゼエヴの電話番号を教えてくれた。
　筆者がゼエヴに電話すると、ゼエヴは父親は体調が悪いので話すことがで

きる状態ではないと何度も繰り返した。そこで筆者がゼエヴに会って聞き取りしたいと依頼するとゼエヴは、自分はイディッシュ語のことはまったくわからず、父の出版活動についてもほとんど知らないと言って会うのを断ろうとした。しかし筆者が重ねて懇願すると、ようやく引き受けてくれた。

ゼエヴの家が改修工事中だという理由で、テルアヴィヴのゼエヴの友人の家に招かれた。ゼエヴの友人も交え、和やかな雰囲気で話を聞くことができた。[82]

ゼエヴは繰り返し、イディッシュ語のことはわからないし、イディッシュ語との関係は少ししかないと言った。しかし筆者が、あなたのお父さんがイディッシュ語の出版活動をしていたのだから、それだけをとってみても、息子のあなたもおおいにイディッシュ語と関係があったと言えるのではないかと尋ねた。するとゼエヴは明るい声で「それは、そうだね」と答えた後、次のように話した。

> むしろ、かなり関係があったね。ただし、私はほとんどイディッシュ語を読まない。父が、イディッシュ語の本を書いたにもかかわらずね。ヘブライ語に訳された父の本をもっている。けれど、私はイディッシュ語がうまく話せない。ほんの少しだけなら話すが、上手くない。なぜなら

図 2-5
ゼエヴ・ツァーニン夫妻と筆者

聞き取りをしてからしばらくして、筆者が帰国する前に夫妻は、「今度は言語学以外の話をしよう」と招いてくれた。（2008年9月、テルアヴィヴのレストランで撮影）

> 私が幼かった頃、両親は……イディッシュ語が私の人生の邪魔になるだろうと考えたから。つまり私が……ヘブライ語を上手に話せなくなるんじゃないかとか……いろいろなことを考えたんだろう。だから、私とはヘブライ語だけで話したんだ……少し残念だよ。
> Ze'ev Tsanin, 2008年8月24日（ヘブライ語）(以下、本項目の引用はすべて同じ)

　ゼエヴは父親の個人出版にかんする交友関係も把握している。出版協会の「レイヴィック・ハウス」や、「労働者の輪」の人々とも交流があるようだった[83]。

> 今もレイヴィック・ハウスや「労働者の輪」の何人かと交流があるよ。まったく多くはなくて、少しだけれどね。〔……〕父は私が子どもの頃、自宅で編集をしていたんだ。もちろんイディッシュ語はいつも私の周りにあったよ。

　ゼエヴは父親が人々とイディッシュ語で話すのを聞き、出版活動に取り組む姿を見て育った。父親の仕事にも共感し、苦難を強いられながらもイディッシュ語個人出版に情熱を燃やす姿について次のように語っている。

> イスラエル独立直後は、公共政策において国家はイディッシュ語を保護せず、むしろその反対の態度をとった。人々がヘブライ語だけを話すようにしたかったんだ。新しい国家のヘブライ語、ヘブライ語！　新しいイスラエル人、新しい種類の人間「サブラ[84]〔イスラエル生まれのユダヤ人〕」のようなね。ともかく……ヘブライ語とは対照的に、イディッシュ語に対してはとても風あたりが強かったんだ。

　父親がイディッシュ語新聞を日刊化するにあたり、不公平な扱いを受けていたことも知っており、不満を込めて次のように語った。

> 父ははじめ毎週、毎日、新聞を出していた。だけど突然、許可書が届い

Ⅱ　縮小再生産を続けるイディッシュ語個人出版　　095

たんだ。週3回しか新聞を出してはいけないとね。だから、父はもうひとつ『イディッシュ新聞』という新聞を創刊したんだ。〔2つとも同じ新聞であったのに、異なる名前で発行していたから〕その日はこっち〔の名前〕で呼ばれて、他の日はそっち〔の名前〕で呼ばれた！

さらに、彼はその時のことを思い出して興奮したように言った。

それがイディッシュ語で〔書かれている〕という理由で！……英語、フランス語、ルーマニア語、ロシア語など、他の言語で書かれた新聞は問題にされなかったんだ。毎日でも許されたんだ。けれども、イディッシュ語がヘブライ語と競合するだろうという理由で。それで〔日刊にすることを〕許さなかった。

別名の新聞が創刊されたのは、イディッシュ語の新聞が日刊になるのが許されない状況の中での苦渋の策であった。

それは2つとも私の父の〔新聞〕だったのだ！ ルーデンは2つ〔の新聞〕に書いて、〔出版人たちは〕みんな2つ〔の新聞〕に書いた。それは同じ新聞だったんだ！ それについては、ルーデンにも聞いてごらん。この日はこう、この日はこうと話すだろう。理由は許可書だったんだよ。

『イディッシュ新聞』と『最新ニュース』が別名でありながら、実質的には同じ新聞であったことは出版人と読者の間では暗黙の了解だった。
　イディッシュ語で大衆に向けて毎日情報を提供できないのは、ラジオ放送についても同じだった。ゼエヴは次のように語った。

かつては、今みたいに30分ごとにニュースが流れるのと違ってね、日に数回だけだったんだ。昼にはすべての新聞のトップニュースが放送されていた。ヘブライ語の新聞以外にも、すべての外国語の新聞に放送時

間が割り当てられていたんだよ。……ルーマニア語でさえね。でも『最新ニュース』には時間が与えられなかった。政府は、〔イスラエルが〕もっと現代的でなければとか考えていたから、離散の、古いものと見なされていたイディッシュ語は、嫌われていたんだよ。

ゼエヴはあきらめたように締めくくった後、少し間をおいて、国家建設のために財政が圧迫され、住民に十分な物資が行き渡らない時代を回想した。

イスラエルでは〔独立後〕はじめの何年かは……物不足の時期だった〔……〕食糧が足りないし、品物もろくになくて、人々の生活水準は低かったんだ。そんな中、私の父は突然、「新聞を出版するための紙は与えない」と言われたんだ。彼の新聞に限っては……紙を渡せないと言ったんだよ。

筆者が驚いて「ツァーニンの新聞にだけですか？」と聞き返すと、こう続けた。

そう、〔父は新聞を印刷するための〕紙がないので、闇市と呼ばれるところで、紙を買うことにしたんだ。ブラック・マーケットのことだよ。すると「警察を呼ぶぞ」とか脅されたんだ。けれど父は「かまわんよ。僕を裁判所に連れて行け」と返した。すると彼らは政治沙汰にはしたくなかったから、何もしなかったんだ。でも紙はほとんど渡されなかった。政府はイディッシュ語を……敵視していたからね。政府は、イディッシュ語をとても嫌っていたんだ。いろいろな理由からね。

ゼエヴは、父の個人出版への情熱とそのための闘争を見ながら育ってきた。しかしその一方で年々話者が減少し、父親の新聞が徐々に読まれなくなっていったのも記憶している。これについて残念そうに語った。

Ⅱ 縮小再生産を続けるイディッシュ語個人出版　097

〔イスラエル独立から〕最初の何年かは、父の新聞はとても人気があったのだ。だけど徐々に人気がなくなり、……読者が段々減った。死んでしまったり、〔イディッシュ語をやめて〕ヘブライ語を読むようになったりしてね。

そしてゼエヴは次のように話を終えた。

私が知るところによれば、2年前までは、誰かが『最新ニュース』を発行しようとしていたが、それは〔父の新聞とは〕まったく違う形だった。でも……、今はもう存在しない……、存在しないんだ……。これでおしまいさ。今のイスラエルに〔イディッシュ語の〕日刊新聞はないよ。

ゼエヴの家庭のように、移民は自分たちの子どもが「移民」となるのを恐れた。イスラエル生まれのユダヤ人「サブラ」として育てるには、ヘブライ語を彼らの母語に仕立てなければならなかった。他の言語ではなくヘブライ語が母語であることは、子どもたちの将来にとって最も有益だと考えられていたためである。この状況はイディッシュ語の代名詞とされるツァーニンにとってさえ同じだった。

[2] イツハク・ルーデン

イツハク・ルーデン[85]（図2-6）は、21世紀の現在でも自らをブンド主義者だと公言している[86]。『人生の問い』や『前進』に執筆しており、イディッシュ語の出版人として国内外に名の知れた人物である。

ルーデンは1924年にワルシャワで生まれた。1940年から1942年までは旧ソ連の強制収容所に収容され、1942年からは中央アジアで生活した。その後1945年からモルドヴァの農業協会で、1947年にはポーランドの映画学校で学んだ。イスラエルに移住したのは1948年で彼が20代半ばの頃である[87]。

ルーデンは生業を求めてイディッシュ語出版人になったという。母語がイ

ディッシュ語だったというわけではない。1950年から1952年までの兵役の後、ポーランドのユダヤ人学校で学んだイディッシュ語を生かして、校正の仕事に就けるのではないかと考えた。国家独立初期には、公にはイディッシュ語の使用が忌避されていたが、話者同士は日常的にこの言語を話していた。そのためこの言語の需要は大きかったようだ。例えば、サービス業などではイディッシュ語を話せることを条件に新人を雇用することもあったようである。ルーデンは、イディッシュ語新聞『最新ニュース』を編集していたモルデハイ・ツァーニンのもとを訪ね、初期からのメンバーとして編集に携わることになった[88]。

図2-6
イツハク・ルーデン
（写真はルーデン氏提供）

　ルーデンは1971年にツァーニンから『最新ニュース』の編集長の座を引き継ぎ、1991年まで続けたという。新聞記者として1977年にメナヘム・ベギン首相のエジプト訪問に際してカイロで取材したことを題材に、エジプトとの和平について『夢から平和へ』[89]という本を上梓した。年金で暮らすようになってからもイディッシュ語での執筆を続け、1990年以降は『前進』にも記事を書くようになった。

　21世紀に入ってからルーデンは、イスラエルにおける出版界の功労者としていくつかの賞を受賞している[90]。話者が減少してイディッシュ語が存続の危機にある重要な文化と見なされる中、ルーデンはその担い手として重視されるようになったのである。

[3] ベラ・ブリクス＝クレイン
　現在ルーデンが編集する『人生の問い』の発送作業に携わっているのがベ

ラ・ブリクス＝クレイン[91]（図2-7）である。彼女は「労働者の輪」の事務員として週に数回事務所で、電話での対応、施設の管理やイベントの運営に携わっている。「労働者の輪」の活動にとどまらず、『前進』にも写真とコラムを寄せ、ヘブライ大学の修士課程でも学んでいる。イディッシュ語の作家であった父親についての本を書くためだという。

　彼女は1960年頃にスウェーデンのストックホルムで、東欧系ユダヤ人の宗教的な家庭に生まれた。その後ニューヨークにしばらく住み、1968年にイスラエルに移住した。父親はポーランド出身で、母親はルーマニア出身である。家族みんなが理解できる言語はイディッシュ語だけだった[92]。彼女は他にも英語やヘブライ語を話すことができる。

　彼女は「労働者の輪」での活動に参加する中でイディッシュ語話者が減少しているという事実にも直面している。とくに読者が亡くなって『人生の問い』が返送されてくることは、彼女をやるせない気持ちにさせる。

図2-7
ベラ・ブリクス＝クレイン

テルアヴィヴの「労働者の輪」の書庫にて。彼女のまわりに無造作に積み重ねられているのは創刊時からの『人生の問い』。（2008年8月、筆者撮影）

イディッシュ語は両親と話していた言語で、これが使われ続けることは、彼女個人にとっても重要である。こういった背景から活動を活性化させることに使命を感じている。しかし今後の活動のために若い世代を呼び込もうと努力しても、彼らの興味はイスラエルという国ができる前のイディッシュ語に向けられている。若い世代はイディッシュ語の個人出版を続けることよりも、過去に書かれた文学を読むことに意義を見いだしている。彼らにとってイディッシュ語は生活の言語ではなく、過去から引き継いだ文化だからであろう。

　紙媒体での出版活動がなかなか継承されない中、『人生の問い』のようにホームページでその記事を公開したり、『エルサレム年鑑』のようにSNSで広報したりする動きがある。若年層による活発な創作や議論がイディッシュ語で展開されることは考えにくいし、高齢になった話者には紙媒体のほうがなじみやすいかもしれない。とはいえ現状の限りでは、今後もイディッシュ語の個人出版が続けられるとすれば、電子媒体が中心となっていくと考えられる。

本章のまとめ

　本章では個人出版の定義と特徴を述べ、イディッシュ語の個人出版を創刊期ごとに第一期から第三期に分類して変遷を示した。イスラエルが英国委任統治から独立した1948年から1950年代にかけて（第一期）は、イスラエルに建国前後に移住したイディッシュ語話者のための個人出版が主であった。その後、旧ソ連から新移民がイスラエルに移住してきた1970年代（第二期）に、新移民のイディッシュ語話者を対象とした個人出版が創刊された。イディッシュ語話者が非常に少なくなった21世紀初頭には（第三期）、イディッシュ語やその文化の保存を目的とした個人出版が創刊された。

　分類してみると第一期と第二期には、話者を対象に個人出版が行われていた。しかし第三期になると、対象とされる読者層は明確ではなく、イディッ

シュ語で出版することが自己目的化した個人出版が行われていることがわかった。

　個人出版にかかわっていた3人の出版人の共通点は、イスラエル国外で生まれ、幼少期に家庭やユダヤ人学校でイディッシュ語を習得した東欧系ユダヤ人だということだった。彼らは国内だけではなく、国外のイディッシュ語出版にもかかわりながら情熱的に取り組んでいた。

　21世紀初頭、イディッシュ語で出版することが「形骸化」しつつある状況で、イディッシュ語についてヘブライ語で論じる集会が開かれ、雑誌が発行されている。多くのイディッシュ語話者の子孫にとって、イディッシュ語は興味の対象ではあっても、日常の言語とはなりえないと考えられる。

III
「魂」のための言語学習

3.1　イディッシュ語学習活動について

　本章では、東欧系ユダヤ人によるイディッシュ語学習活動について、筆者の現地調査を中心に述べる。考察しやすくするために、学習活動を私的空間におけるものと公的空間におけるものに分類した。

　調査した学習活動とその規模は、私的空間については個人宅での読書会で、規模は数人から十数人である。公的空間については大学や市民講座での講義で、規模は数十人である。

　学習活動に集まる人々は、先祖について思いを馳せたり、家族の歴史に共通点がある人々と知り合ったりすることを目的としているようであった。教師や学習者の一部には、イディッシュ語だけで会話ができる程度の習得を目標としている人もいる。しかしそれはごく一部で、多くの人々は東欧系ユダヤ人の文化や歴史を知り、出自について振り返ることを目的としている。

　学習活動を参与観察すると、一般的な外国語学習と比較して、たとえ初学者であってもすでに知識をもっていることがわかった。文法や綴り方の規則など、学習を必要とするようなことについてはそれほど知らない人でも、語彙や文化についてはかなりの知識があった。かつ、教材のイディッシュ語文学作品の中には、学習者がすでにヘブライ語や英語など、他の言語で翻訳を読んだものが含まれている。彼らにとっては学習する前から身近な存在なの

である。

　学習者の中には、家庭でイディッシュ語を聞いて育った人々も多い。自分は話せないとしても、まったく聞いたことがないという言語ではなく、聞き取りだけは以前からできたという人も珍しくはなかった。しかもヘブライ文字で書かれるイディッシュ語の音読は、発音上の細かいきまりを気にしなければそれほど難しくない。学習者たちは日常生活でイディッシュ語に触れる機会を持ってはいたが、積極的にはかかわらなかった、またはかかわれなかったのだろう。

3.2　イディッシュ語を学ぶ理由

　イディッシュ語を学習するのはほんの一部の東欧系ユダヤ人に過ぎない。それ以外の者にとっては、この活動は奇妙で理解しにくいものであるようだ。
　例えばイスラエルから遠く離れた東洋の言語、日本語を学ぶような20代後半の学生ですらイディッシュ語はもうイスラエルに必要ないと考えており、学習活動に対して批判的であった。話者の子孫であるにもかかわらず、イディッシュ語にはまったく興味がなかった。筆者がイディッシュ語の学習について意見を聞いてみると、彼は馬鹿にするかのように、次のように言い放った。

　　イディッシュ語はもう必要ないよ〔……〕イディッシュ語を学習している人なんて君以外知らない。
　　　　　　　　　　　　　　20代後半の学生[1]、2008年8月18日（ヘブライ語）

　彼によれば、イディッシュ語はユダヤ人の過去の言語に過ぎず、文化的な価値も低い。イスラエルの現在と未来には必要ないものである。イスラエルでは彼のような考えが一般的である。後述する、テルアヴィヴ大学のイディッシュ語講座の教科書に掲載されていたエリオト・ラビンという人物の

文章「なぜイディッシュ語を学ぶのか」には、人々からの侮蔑に耐えて、この言語を学ぶことに意欲を燃やすようすがみられる。

「なぜイディッシュ語を学ぶのか」
　多くの人々がこう言う。イディッシュ語を学ぶ必要はないと。過去の言語、離散の言語、死んだ言語、ボルシチとソーセージの言語だと。あちらこちら〔の言語〕から単語を奪い取るたかり屋のようだと。
　今日、ユダヤ人には独自の生きた言語、自由で自立した民族の言語、ヘブライ語がある。
　〔けれど〕そうさ、私は大衆とは違って、イディッシュ語は、ユダヤ民族の偉大なる創造物、遺産のひとつだと考えているんだ。
　私がイディッシュ語を学習する目的は、まずひとつ目に、個人的なことだが、ユダヤ人の文学の先生でありたいということ。
　二つ目に、とても重要なことであるが、イディッシュ語で書かれた偉大な作品の数々が消えてしまわないようにしたいということ。
　そして三つ目に、美辞麗句を並べることもできるし、めちゃめちゃなことも言えるし、馬鹿話できるこの言語が、死なないようにしたいということだ。
　　　　　　　　　Lernheft farn klas mitndike 2（2007: 3）[2]（イディッシュ語）

エリオト・ラビンによれば、多くのイスラエル人は、イディッシュ語は学ぶ価値のない言語だと考えている。これに対してラビンは、「ユダヤ民族の偉大なる創造物、遺産のひとつ」であると、イディッシュ語の価値を主張している。筆者は学習活動以外の場で、イディッシュ語に対する批判や侮蔑を何度も耳にしてきた。その一方で学習活動では、イディッシュ語が非常に重要なユダヤ人の言語だという話を教師や学習者から聞かされた。この言語の文化的な価値は活動の大前提である。

ラビンにとって、世代を超えて継承されてきたイディッシュ語は後世に伝えていかなければならない重要なものである。ただし後世に伝えるためには、

自らがその言語を学び、教えていかなければならない。イディッシュ語はすでに「過去の言語」となっているからである。

3.3 「魂」に象徴される言語学習

イディッシュ語を学習するのは、この言語が東欧系ユダヤ人の文化を象徴し、自分の出自を知るために必要なものだと考える人々である。彼らの中には、イディッシュ語は「魂（ネショメ）」を感じさせると話した人々がいた。そう答えるのは、特にヘブライ語との違いについての質問に対してである。イディッシュ語では、「ネショメ」は次のように説明される。

　　人間の中にある抽象的[3]なもの。
Niborski 1997: 208（イディッシュ語）

イディッシュ語の「ネショメ」(neshome) は、ヘブライ語で魂を意味する「ネシャマー」(neshamah) を語源とする。「ネシャマー」は「人が生きている間はいつも宿っていて、死ぬと身体から抜け出る精神的な存在[4]」と説明される。英語では"soul[5]"、日本語では「魂[6]」と訳される。日本語の「魂」は「人間〔……〕に宿り、心のはたらきをつかさどり生命を与えている原理[7]」と説明される。こういったことから「ネショメ」は、おおよそ「魂」にあたるものだと考えてよいであろう[8]。

以下にイディッシュ語話者やその子孫が、自分にとってのイディッシュ語の重要性について説明する際に「魂」に言及した例を挙げる。

語学講師ボルディンは、1950年代末に当時ソヴィエト連邦内のリガ（現在はラトヴィアの首都）で生まれ、母と祖母がイディッシュ語を話すのを聞いて育った。ただし母語および第一言語は、ロシア語である。1978年にイスラエルに移住し、移住前から学習していたヘブライ語を流暢に話し、母語のロシア語も日常的に使っている（ボルディンについては本章5節 [3]「ヘブライ大学

における語学授業」で後述する)。

　ボルディンは、イスラエルという国家とそこで話されているヘブライ語に対して、ユダヤ的でもヨーロッパ的でもないので、文化的とは言えない言語だと批判している。ただしイスラエル建国以前のヘブライ語については高く評価している。ヘブライ語に対して全面的に否定しているのではない。彼は超正統派ではないが敬虔なユダヤ教徒である。

　彼は、東欧系ユダヤ人としてのユダヤ性を支えるためにはイディッシュ語が必要であると考えているようだ。ヘブライ語やロシア語と比較して、イディッシュ語について「魂」という単語を用いて次のように話した。

　　私は他の言語も話すが、魂というものを感じるのは、イディッシュ語に
　　だけだよ。他の言語には感じないんだ。ヘブライ語には感じないよ。
　　　　　　　　　　　　Hanan Bordin, 2008年1月13日（イディッシュ語）

　ボルディンが母親と話した家庭の言語はロシア語である。しかしこれはユダヤ人独自の言語ではない。一方ヘブライ語はユダヤ人の言語であるが、イスラエルに移住する前は彼の日常の言語ではなかった。これらとは異なり、イディッシュ語は家庭で話されていたユダヤ人の言語である。東欧でのユダヤ人の生活に必要な語彙があり、家族との生活を思い起こさせる。

　イディッシュ語に「魂」を感じるのは、東欧生まれのユダヤ人だけではない。1937年パレスチナで生まれたリフカ・コーヘンも、彼女にとってのイディッシュ語の重要性について「魂」を用いて説明した。

　彼女はポーランド出身のイディッシュ語話者の両親のもとで、ヘブライ語で育てられた。移民第二世代の東欧系ユダヤ人である。両親はリフカとはヘブライ語で話したが、リフカは両親がイディッシュ語で話すのを聞いて育ち、大人になってから読書を中心にイディッシュ語の学習を始めた。

　リフカは筆者に、イディッシュ語は英語やロシア語とは異なり、ヘブライ文字で書かれるので自分たちの言語であると話した。そこで筆者がヘブライ語と、イディッシュ語はどちらもヘブライ文字で書かれるが、どのような違

いがあるのかと質問した。すると彼女は次のように答えた。

> イディッシュ語は魂のこもった言語なの。私たちの言語。
> Rivka Cohen, 2008年8月26日（イディッシュ語）

　ヘブライ語もイディッシュ語もユダヤ人独自の言語であるが、リフカはイディッシュ語にのみ「魂」を感じるという。母語も第一言語もヘブライ語であるイスラエル生まれの彼女でさえ、イディッシュ語にだけ「魂」を感じるとしてヘブライ語と差別化している。
　筆者はイスラエルでの調査以前にも、イディッシュ語で「魂」を意味する"neshome"という文字を見たり、聞いたりしたことが幾度もある。その一例として、ベルリンのユダヤ人博物館などの建築で世界的に知られている建築家ダニエル・リーベスキンド[9]の発言を引用する。リーベスキンドは1946年にポーランドで生まれた東欧系ユダヤ人である。彼は東欧ユダヤ学術研究所（YIVO）に多額の寄付をしたのだが、その際に行った英語の講演の一部である。

> イディッシュ性（yidishkayt）[10]は言語にとどまりません……それは魂（neshome）そのものです。
> *YIVO News* 198, Summer 2004: 1

　英語の講演の中で、わざわざ"neshome"というイディッシュ語の単語を使っている。英語では表現しにくい東欧系ユダヤ人独自の世界を強調してのことなのであろう。"yidishkayt"つまり、イディッシュ性というのは、単なる言語ではなく、東欧系ユダヤ人の魂そのものであるということである。イディッシュ語の学習活動に携わる東欧系ユダヤ人にとって、イディッシュ語で表現される世界は、彼らが共有する独自のユダヤ性の核心部だと考えられているのだろう。

3.4　私的空間における学習活動

　イスラエルでは友人や知人同士で集まって読書会を開くことがある。誰かの家に集まって、文学作品などを読みながら、各々が作品や作者について自由に話すのである。これは娯楽の一種として一般的で、イディッシュ語でも読書会が開かれていた。

　筆者は3つの読書会に参加したが、中でも若手研究者と、そのパートナーのイディッシュ語話者が主催している読書会に焦点をあてて継続的に参与観察した。主催者たちがイディッシュ語を音読するのみならず、会話もすべてイディッシュ語にしようと呼びかけており、参加者たちもこれに応えようと努力していたからである。

　他の2つの読書会の中心として活動しているのは、イディッシュ語を母語として話す人物である。それぞれ、月1回、年数回という頻度で開かれている。読んでいる文学作品はイディッシュ語の原典であったが、読書会では主にヘブライ語が話されていた。日頃はヘブライ語で話しているのに、読書会の間だけイディッシュ語だけで話すのは難しいようであった。

　本書で述べる読書会には特別な呼び名はなかったが、主催者や参加者たちがイディッシュ語で"leyenkrayz"[11]と呼んでいたので、本書でもそれを和訳して「読書会」として詳しく述べたい。

[1] 読書会の概要

　読書会の主催者は、Ⅰ章3節［1］「イディッシュ語で子育てする世俗ユダヤ人」で前述した、ポーランドのユダヤ人の歴史を研究するミリアム・トリン（調査当時ヘブライ大学博士課程）と、イディッシュ語を母語とするエリエゼル・ニボルスキー（調査当時イディッシュ語アーカイブズ作成作業従事、元数学教師）である。彼らは1995年からイスラエルに住み始め、3人の子どもたちをイディッシュ語で育てており、家庭の中でイディッシュ語を話す超正統派ではないユダヤ人として希有な存在である。イスラエル国内外での

夏期講座や、ショレム・アレイヘム・ハウスの市民講座、大学の授業でイディッシュ語を教えており、教育の経験も豊富である。

　読書会は主催者宅の居間で行われる（図3-1）。主催者の子どもの工作が飾られた非常に家庭的な空間である。壁一面に並べられたイディッシュ語の本や雑誌は、彼らが日常的にイディッシュ語を研究していることをうかがわせる。読書会の際には、小さなテーブルを囲んで椅子が10脚前後並べられる。

　参加者たちは会が始まる少し前から、菓子や飲み物などの差し入れを持ち寄って集まる。会が始まる前にイディッシュ語やヘブライ語で挨拶程度の会話を交わし、各々好きな席に着く。夫婦や友人と連れ立って参加する人や、単独で参加している人たちがいる。皆、友人や知人などからこの会のことを聞き、人づてに集まってきているようである。

　参加費は無料で、イディッシュ語に関心のある人であれば広く受け入れられている。「知り合いから聞いて興味を持った」などと、新規の参加者が突然現れることもあったが、そのような場合でも主催者は快く迎えていた。

　参加者の人数は少ない時で10人弱、多い時で20人くらいである。人数は時期や課題図書などによって異なる。海外の著名な話者や研究者が参加する際には、普段より多くの参加者が集まる。参加者のほとんどがエルサレムとその近郊からやってくるが、わざわざ遠方からくる者もいる。留学生、旅行者、主催者の家族など普段海外に住んでいる者もイスラエル滞在期間に限っ

図 3-1
読書会のようす

参加者たちはイディッシュ語のテキストを輪読する。疑問点を質問したり感想を述べたりしている。(2007年12月27日、筆者撮影)

て参加していた。筆者が参加していた期間には、アメリカ、フランス、ポーランド、メキシコ、ドイツなどからの参加者がいた。

　参加者のイディッシュ語運用能力は、年齢の他に、彼らの出身地や家庭環境、学習への取り組み方などによってそれぞれである。母語またはそれに準ずるという人、祖父など家族の一部とはイディッシュ語だけで話したという人、家庭でイディッシュ語を聞いて育ったが話せないという人、大学で学習したり研究したりしている人などがいた。年齢が高いほどイディッシュ語が得意というわけではなく、60代や70代でもイディッシュ語をあまり話せない人もいるし、30歳前後でも母語やそれに準じる言語として流暢に話す人もいる。

[2] 題材と構成

　読書会では、主催者たちが参加者たちに事前に示したテキストを順番に音読する。参加者たちは初学者であっても、イディッシュ語とその文学についての知識がある程度はあるし、イディッシュ語の音読はそれほど難しいことではない。

　読書会の課題図書の中には、参加者がヘブライ語や英語ですでに読んで慣れ親しんでいる文学作品も含まれる。課題図書についてはイディッシュ語が原作の有名作家の作品が選ばれるが、主催者が「独裁的」に決めているものである（主催者の発言による）。しばしば課題図書に関連した解説や論文なども扱う。

　一冊の長編を毎週少しずつ数カ月かけて読んだり、短いテキストを1回から数回で読み切ったりする。すでにヘブライ語や英語で読んだことがあるような作品でも、イディッシュ語の原典で読むことがこの会の目的である。

　課題図書の中には古書店や大学の書店で購入できるものもあるが、入手しにくいものも多い。その場合は主催者がコピーを配布する。主催者は毎回の読書会の内容について、YIVO式の正書法を用いたイディッシュ語で書いた電子メールで参加者たちに連絡している。課題図書にいくつか版があれば、研究や教育の場で用いられているYIVO式の正書法で書かれているものを

用いることが多い（序章「引用と表記の基本方針」で前述）。著名な文学作品の中には、YIVO式の正書法で新版が出版されるものもある。表3-1に課題図書の一部を示した。『主唱者の息子モーテル』（*Motl Peyse dem khazns*, 1916）も、原作をYIVO式の正書法で書き直して1997年にヘブライ大学から出版したものである。

　この表から、主催者たちが著名な作家の文学作品と、それについての論文を組み合わせるなど、読書会を計画的に進めていることがうかがえる。イディッシュ語で書かれた「ショレム・アレイヘムとアメリカ」という論文を読み、次に読むイディッシュ文学を代表する作家のひとり、ショレム・アレイヘムの作品に備えている。『主唱者の息子モーテル』を読んだ翌週は、この作品について解説された論文を読んだ。2006年12月と2007年3月に読んだ論文はどちらも、II章3節［1］「個人出版の展開　第一期」で前述した文学雑誌『黄金の鎖』におさめられたものである。

　主催者は海外の研究者と公私ともに交流している。話者が減少する中、イディッシュ語で話せる人間関係は希少である。しばしば読書会にも海外の研究者などを招き、参加者たちとの交流を企画する。2008年6月には、ニュー

表3-1　2006年12月から2008年6年までに読書会で読んだテキストの一部

2006年12月	「ショレム・アレイヘムとアメリカ[12]」（論文）
2006年12月末〜2007年3月	ショレム・アレイヘム著『主唱者の息子モーテル』（文学作品）
2007年3月	『主唱者の息子モーテル』についての論文
（中略）	
2008年6月	アイザック・バシェヴィス・シンガー著 　「ティシェヴィツのお話」（文学作品） イディッシュ文学とI. B. シンガーについての講義 　（講師、ダヴィッド・G・ロスキース教授）

日付と内容は、筆者の記録による。

ヨークから訪問していたダヴィッド・G・ロスキース教授を招き、アイザック・バシェヴィス・シンガーについての講義を聞いた。講義に備え、事前にシンガーの作品「ティシェヴィツのお話[13]」を読んだ。

　読書会のスケジュールから、主催者は参加者が作品を単に読むだけではなくより深く理解して議論できるように工夫しているのがわかる。彼らは読書会が単なる知人や友人の集まりにとどまらず、文学をできるだけ深く味わいながら、自分たちの先祖についての知識を深める場となるように計画しているのである。

　文学作品が読まれる一方で、イスラエルで書かれた時事問題についての記事はほとんど読まれなかった。主催者によれば、彼らはあくまで文学に興味があるという。『人生の問い』や『最新ニュース』は、ジャーナリスティックなもので読書会の題材としては対象外になるとのことである。

　著名な作家による作品だけでも、読書会で取り上げきれないほどの数がある。イスラエルに住む人々がヘブライ語や英語、ロシア語などですでに読んだであろう地域の情勢について、わざわざイディッシュ語でもう一度読む必要は感じないのであろう。参加者たちは、日常の話題よりも、先祖が過ごした東欧やアメリカの文学作品を重視し、そこに東欧系ユダヤ人としての出自を見いだそうとしているようである。

[3] 主催者の理想と現実

　読書会の主催者は、参加者と文学作品についてイディッシュ語で話し合うことをひとつの目標としているようである。

　読書会では参加者が順番に課題図書を音読し、主催者がしばしば中断して文章の内容を解説して進める。参加者が単語の意味を質問すると、主催者がその単語についてイディッシュ語で解説し、他の参加者がそれに補足したりする。それでも質問者が理解できないと、主催者はその単語をヘブライ語が語源のイディッシュ語の単語に置き換えて説明したりして、なんとかイディッシュ語だけで参加者に理解させようと努力をする。

　しかし参加者の多くはイディッシュ語よりも、日頃から使っているヘブラ

イ語の方が得意である。そのため参加者は思わずヘブライ語で話してしまうことがある。すると主催者は、参加者のヘブライ語の発言をイディッシュ語でもう一度言い直したり、参加者の質問にイディッシュ語で答えたりする。ときにはヘブライ語を話した者にイディッシュ語で話すように注意したりする。参加者がイディッシュ語だけで話せるようになるように、主催者たちは根気強く取り組んでいるのである。

　参加者も主催者の意向を理解しており、イディッシュ語だけで話そうと努力している。彼らもイディッシュ語で話したいから、いくつかの読書会の中からこの読書会を選んで参加しているのである。しかしイディッシュ語だけの会話は難しく、近くに座っている者同士で単語の意味を確認するときや、雑談したりするときには、意識してか無意識にかヘブライ語で話してしまうということが多々あった。読書会という場があったとしても、普段からヘブライ語で話している配偶者や友人とイディッシュ語を話すのは、それほど簡単なことではないのだろう。

　多くの人にとって、イディッシュ語の文学をイディッシュ語の解説だけで理解するのは簡単ではないように見えた。筆者は読書会の後やそれ以外の場で参加者と会った時に、「今回はさっぱりわからなかった」、「今読んでいるテキストは難しすぎる」などとヘブライ語で話しているのを何度も耳にした。

　とはいえ中には一種の癒しを求めて参加している人もいるようである。イディッシュ語が話されている時間が心地よいようで、中には親が家でイディッシュ語を話していた情景を重ね合わせ、なつかしんでいる人もいた。彼らにとってより重要なのは、イディッシュ語を上手に話すことよりも、イディッシュ語を聞いて文学を読み、東欧系ユダヤ人の文化を確認することなのであろう。

[4] 参加者への聞き取り調査

　筆者は、序章の「調査について」で述べたように、一部の参加者についてこれまでどのようにイディッシュ語とかかわってきたか聞き取りをした。以下は、その中でも読書会に継続的に参加していた3人についての記録である。

彼らは、読書会の主催者とのイディッシュ語を介した出会いがきっかけで、読書会に通うようになったようだ。彼らにとってイディッシュ語は家族の言語ではあるが、日常生活の中では使う機会が限られている。

a.　リフカ・コーヘン
　リフカ[14]は読書会の主催者によってエルサレムで行われた2週間ほどの講座で学んだことがきっかけで、読書会に参加するようになった。もともと彼女は読書が好きで、他にも複数の言語の読書会に参加している。
　リフカは1937年にパレスチナのアフラ[15]で、ポーランド出身の両親のもとに生まれた。母は1934年に、父は1935年にパレスチナに移住した東欧系ユダヤ人である。彼女は1961年にヘブライ大学入学のためにエルサレムに引っ越し、大学では地理学と聖書学を専攻した。
　彼女にとってヘブライ語が母語で第一言語である。アメリカに住んでいたことがあり英語も得意である。他にロシア語、スペイン語、フランス語も勉強した。イディッシュ語は両親が話していたので聞いてはいたが、勉強したのは大人になってからである。
　趣味は読書で複数の言語で本を読んでおり、友人たちと読書会を開いている。8年前に年金で生活するようになってから、同じような境遇の友人と一緒に始めた。本書で調査した「読書会」とは異なり、毎月集まってイディッシュ語で歌ったり、本を読んだりして誕生日の人をお祝いするという。ただし、そこでイディッシュ語で話すことはほとんどなく、会話するときはヘブライ語だという。
　リフカは幼少期からイディッシュ語を聞いてある程度は理解できたが、彼女にとってその言語で話し、読み、書くことは簡単なことではなかった。会話ができるようになったのは、講座を受講し「読書会」に参加するようになってからだという。とはいえ、読書会以外の場ではほとんど話すことはない。読むことについては、ヘブライ語や英語の方がはるかに得意である。イディッシュ語が原作の『奴隷』(*Der Knekht*, 1962) という小説は何度か読んだが、まずヘブライ語で、次に英語で読んだ。最後にイディッシュ語で読

Ⅲ　「魂」のための言語学習　　115

むことができたときには、本当に嬉しかったという。イディッシュ語を書くことは、ほとんどないようであった。

リフカのように普段イディッシュ語を話す機会がない者にとって、「読書会」の役割は大きい。そこではかつて家庭で話されていたイディッシュ語を聞き、文学を読み、東欧でのユダヤ人の生活や文化を想像し、自分もその言語で話すことができるからだ。これを通して彼女はイスラエルにいながら、東欧系ユダヤ人としての出自を確認できるのであろう。

b.　シュロモ・レルマン

シュロモ・レルマンは夫人と一緒に参加している[16]。

彼は1940年頃にロシアで生まれ、その後しばらくアルゼンチンで生活していた。ユダヤ人が集住していた地域に住んでいたため、イディッシュ語話者は多かったという。母親との会話はイディッシュ語で、これが母親と理解し合える唯一の言語である。ユダヤ人以外の住民と接する機会が少なかった母親は、仕事や商店での会話でスペイン語を少し使う以外は、ユダヤ人の中でイディッシュ語だけを話して生活していた。イスラエルでシュロモと同居するようになってからも、息子との会話はイディッシュ語だった。

このような環境で育ったシュロモは、イディッシュ語が母語である。しかし第一言語はスペイン語である。アルゼンチンで同世代のユダヤ人と遊ぶときは、イディッシュ語よりもスペイン語で話していた。友達同士の会話にはスペイン語の方が言い回しや語彙などの面で適していたという。

彼がイスラエルに移住したのは1960年である。ヘブライ語も非常に流暢で、技術者として、仕事ではヘブライ語を用いている。第一言語はスペイン語で、数を数えたり、調べ物をするときはこの言語を使うことが多いという。他にエスペラント語、英語、フランス語も得意で、複数の言語を使いこなすことができる。

彼がイディッシュ語の読書会に参加するようになったのは2年ほど前からである。東欧系ユダヤ人の歌や踊りを披露する「若きイディッシュ」（I章4節［2］「非営利団体『若きイディッシュ』」）の定例会で、読書会の主催者と知り合っ

たのがきっかけだという。シュロモはその主催者の父親であるイツホク・ニボルスキー[17]と、アルゼンチンに住んでいる頃からの知り合いだった。意外なつながりがあったことを知り、親近感を感じて読書会に参加するようになったという。

　シュロモはもともと読書が好きで、イディッシュ語の本を読みたいという気持ちはあった。翻訳の技術もあり、イディッシュ語しか読めない母親のために『星の王子様[18]』をイディッシュ語に訳して2000年にドイツで出版した[19]。それほどイディッシュ語が得意な彼でも、読む本はスペイン語ばかりである。イディッシュ語の本を読むことはほとんどない。とくに、文学作品はひとりで読んでいても、なかなか続かないため読書会に参加したという。読書会はイディッシュ語を母語とする人にも文学を読む機会をつくっているのである。

　読書会には妻のノエミもついてくるようになり、夫婦2人で外出するよい機会となっている。彼は読書会に参加することについて次のように語った。

> イディッシュ語を読むきっかけなんだよ。いつも何か新しいものをね。ノエミも僕と一緒についてくるしね。2人で行くのさ。あの会はノエミのイディッシュ語をずいぶん上達させているよ。
>
> 　　　　　　　　　　　　Shlomo Lerman, 2008年9月6日（イディッシュ語）

　シュロモのように母語話者であり、翻訳の経験がある者でも、イディッシュ語を個人で読むことは、日常的な娯楽とはなりにくいのであろう。シュロモにとってイディッシュ語は母語ではあるが、それは主に母親や周りの大人たちと話すためのものであった。彼は文学を読む際には、まずスペイン語を選んできたのだろう。彼にとって読書会は、主催者をはじめとした東欧系ユダヤ人と文学を読み、お互いの知識を出し合って母語の世界に思いを馳せる機会だと考えられる。

Ⅲ　「魂」のための言語学習　　117

c. ノエミ・レルマン

　シュロモの妻ノエミは、1940年頃パレスチナで生まれた。彼女の場合、イディッシュ語学習者としては珍しく、生まれ育った家庭ではイディッシュ語が話されていなかった。彼女の第一言語はヘブライ語である。両親は家ではドイツ語を話していたので、彼女もドイツ語が話せる。他に英語を話し、夫の影響でスペイン語やフランス語の知識もある。

　彼女は子どもの頃からイディッシュ語をさまざまな所で耳にしてきた。しかし美しい言語だと思ったことはなく、外国語のように感じていた。

　イディッシュ語が彼女にとって家族の言語になったのは、シュロモと結婚してからである。約半世紀にわたりシュロモが母とイディッシュ語で話すのを聞いていたが、その言語を学習しようとはなかなか思わなかった。

　しかしある時からシュロモが参加する読書会に、自分もついていくようになり、彼女は学習に意欲を燃やし始めたという。偶然にもその頃からシュロモの母親と同居するようになり、自宅でもイディッシュ語を聞くようになった。やがてノエミは義母とイディッシュ語で話すようになった。ヘブライ語もドイツ語も知っている彼女にとって、イディッシュ語はまったくの「外国語」ではないだろう。

　ノエミにとって読書会は、夫と外出するよい機会になっている。昔はイディッシュ語を汚い「外国語」だと思っていたが、学習を通じて美しいと感じるようになったという。彼女が読書会に参加するのは、単にイディッシュ語が美しい言語だとか学びやすいからというだけではなく、大切な夫について彼の母語を通じてもっと理解したいという気持ちがあるからだろう。

3.5　公的空間における学習活動

　前節では私的空間におけるイディッシュ語学習活動について述べた。以下、大学や市民講座など公的空間における学習活動について記す。

[1] テルアヴィヴ大学のイディッシュ語夏期講座

2006年にテルアヴィヴ大学でイディッシュ語の夏期講座が創設された。初めての夏期講座に際して、イスラエルを代表する新聞『ハアレツ』の英語版には、「パズルの失われた一片を学ぶ」というタイトルの記事が掲載され、何人かの受講生とイディッシュ語との関係が紹介された。

そのひとりはエクアドル生まれの母親と、アルゼンチン生まれの父親のもとに生まれたイスラエル人である。両親はスペイン語を話していたという。父親はイディッシュ語も話せたが、家庭内でイディッシュ語を話題にはできなかったようである。

> 父は〔自分がイディッシュ語をよく知っていることを〕決して言わず、私も尋ねなかったので、私は彼がイディッシュ語を話すとは知りませんでした。それは大きなタブーでした。
>
> Hirton, 12 July 2006, *Haaretz.com*

彼のように家族が話者であったにもかかわらず、イディッシュ語に触れることがなかったという人は珍しくはない。こういった人が自らその言語を学習しようという決断をしたとき、初級の文法知識から勉強できる機会のひとつがイディッシュ語の夏期講座である。

a. ゴールドライヒ協会と夏期講座

テルアヴィヴ大学のイディッシュ語夏期講座[20]を主催しているゴールドライヒ協会[21]は、アメリカ在住の東欧系ユダヤ人ヨナ・ゴールドライヒとその妻ドレッタ[22]によって2005年に創設された。設立の目的はイディッシュ語とその文化と文学の研究と教育である。語学教育の他にも、大学院生などに奨学金を授与して研究の機会を与え、海外から研究者を招聘している[23]。イスラエルにおけるイディッシュ語の研究や教育を活発にするためである。

夏期講座は、ショレム・アレイヘム・ハウス（本節 [2]『ショレム・アレイヘム・ハウス』の市民講座」参照）や「若きイディッシュ」（Ⅰ章4節 [2]「非営利団体『若

きイディッシュ』」参照）の協力によって運営されている。テルアヴィヴ大学の国際部[24]の一講座として、講義は大学で行われ、学生証が発行され、大学の宿舎に滞在できる。希望者は試験を受けて大学の単位も取得できる[25]。

　夏期講座は一定の参加者を確保し、2006年から継続的に開催されている[26]。期間は6月から7月にかけての約1カ月間である。寮費などを除いた受講料は、イスラエル人が2,000シェケル（1シェケル33円で日本円に換算すると66,000円）で外国人が1,200ドルである。イスラエル人の授業料は外国人の半額程度と優遇されている。また、多くの学生は、ユダヤ系の団体などから各々奨学金を受けている。若い世代の学習者を増やすことは、言語と文化の継承のために重視されているからである。

b.　主催者の個人的体験と夏期講座の始動

　協会の所長はテルアヴィヴ大学の英米学教授ハナ・W＝ネシェル[27]である。アメリカで大学教育を受け、1977年にニューヨークのコロンビア大学で博士号を取得している。専門はイディッシュ語ではない[28]。ただし彼女の父親がイディッシュ語話者であることから、私的にはこの言語と深いつながりがある。とはいえイディッシュ語は家庭ではタブーで、使われていなかったようだ。彼女はその言語を自発的に学ぶしかなかった。第1回目の夏期講座の開催に際して、彼女は『ハアレツ』に次のように語った。

> 私はホロコーストを経験した両親の下、アメリカで育ちました。母親は東欧出身でしたがドイツ語を話し、イディッシュ語を知らないのを誇っていました。父親はイディッシュ語を最も得意としていました。私が二十歳を少し過ぎてイディッシュ語を学び始めると、やっと父にそれを教えてもらえました。私たちは非常に嬉しかったのです。
>
> 　　　　　　　　　　　　　　　Hirton, 19 July 2006, *Haaretz.com*（ヘブライ語）

　夏期講座を始めたのには、言語学習を通して父親と強い喜びを共有した経験も大いに関係しているだろう。しかし、彼女のような家庭に育った人が多

いであろうイスラエルでは、当時、イディッシュ語の夏期講座がほとんど開催されていなかった[29]。

> イディッシュ語の集中講座を受講したいという学生が、イスラエルではなくニューヨークや〔リトアニアの首都〕ヴィリニュスに行くのは信じられないことでした〔……〕。私たちはこのプロジェクトに着手しようと決めました〔……〕すると皆の関心はとても高かったのです。
>
> Hirton, 12 July 2006, *Haaretz.com*

2006年に開催すると、参加希望者が多数おり、イスラエルにもイディッシュ語学習活動への高い関心、需要があることが明らかになった。夏期講座の事務担当者によれば、第2回目の講座が開かれた2007年には、主催者たちが第1回の参加希望者の人数をもとに予定した100名という定員を大幅に上回る申し込みがあり、一部の希望者については受け入れられなかったとのことである。2006年に開催された第1回目の夏期講座が好評で、さらに人々が集まってきたようである。

c. 寄付者について

　この夏期講座の運営は参加費のみならず、寄付金によって支えられている。2008年現在の寄付者に共通することは、イディッシュ語話者かその子孫であろう東欧系ユダヤ人だということ、国外在住ということである。海外で暮らすユダヤ人がイスラエルのために寄付するのはよく知られている。

　この夏期講座を主催するゴールドライヒ協会の創設者であるヨナ・ゴールドライヒは、1942年にポーランドからイスラエルに移住し、1948年から1949年の第一次中東戦争で兵士として闘った。その後1950年にアメリカに移住し、窓枠の敷設業者として成功し、ビバリーヒルズに住んでいる実業家である。テルアヴィヴ大学のキャンパスにあるディアスポラ博物館[30]など、複数の施設に寄付している。大学の理事でもあり名誉教授号も取得している。

　ゴールドライヒの他にもウェッブ・ファミリーは、客員研究員のための基

金を設けている[31]。ウェッブは1917年にポーランドで生まれ、第二次世界大戦後に強制収容所から生還すると、戦後はアメリカに渡って紡績業や建設業などを営み成功した。彼の妻も少女時代をポーランドで過ごし、第二次世界大戦を経験し、戦後はフランクフルトで宝石商や美術商として成功し1955年に渡米した。彼らは結婚後、アメリカやイスラエルのユダヤ人関係の医療、施設の建設、教育のために寄付している[32]。

d. 受講生について

　受講生たちはイスラエル国内外から集まっていた。筆者は各々がユダヤ人か、非ユダヤ人であるか調べることは避けたが、夏期講座が東欧系ユダヤ人の参加を前提に企画されているのは明らかだった[33]。そして、新聞記事や主催者と受講生の話からも、受講生の大半が東欧出身のユダヤ人だということがわかった。

　2006年、2007年の受講生の人数と出身について、受講生の年齢は20代から60代[34]と幅広かった。欧米を中心に国外からの参加者も半数ほどおり、事務的な手続きや連絡は英語でされることが多かった。2007年の夏期講座で配布された『第2回テルアヴィヴ大学イディッシュ語夏期講座[35]』という冊子（図3-2）は、イディッシュ語と英語で書かれていた。

　表3-2を見ると初年度の2006年の受講生は98人、2007年は130人で32人増加したことがわかる。受講生の職業は多様で、学生や研究者などの他にも、ジャーナリストやイディッシュ語の俳優、劇作家、教師、音楽家などが参加していた。さらにラビや心理療法士のように、人の心にかかわる仕事に従事している者もいた。ラビによれば、内面的なことについてはイディッシュ語の方が話しやすいという人がいるので仕事に役立つという。一方、主婦やすでに退職した人々の参加も目立った。彼らは祖父母や両親から継承しきれなかったイディッシュ語を学ぼうとしているようだった。

　国外からの受講生は、大学の寄宿舎やアパートを借りるなどしていたが、寄宿舎も当初の予想を上回る申し込みで、キャンセル待ちが出たという。

　国内の各都市からも受講生が数時間かけて通学してきた。特にエルサレム

図 3-2
『第 2 回テルアヴィヴ大学イディッシュ語夏期講座』

表紙はイディッシュ語と英語、ヘブライ語で書かれている。夏期講座のスケジュールなど、本文は英語とイディッシュ語で書かれている。

表 3-2　2006 年と 2007 年の夏期講座の受講生の人数、出身、職業

	2006 年	2007 年
全人数	98 人	130 人
うち国内から	58 人 テルアヴィヴ、ベエルシェヴァ、エルサレム、ハイファ	全体の半数以上 テルアヴィヴ、エルサレム、ハイファ、ベエルシェヴァなど
うち国外から	40 人 アメリカ、カナダ、イギリス、フランス、ポーランド、ロシア、ハンガリー、リヒテンシュタイン、オーストラリア、アルゼンチン	全体の半数以下 アメリカ、カナダ、イギリス、オーストラリア、ベルギー、ポーランド、ルーマニア、ドイツ、日本
属性*	学生、教授、ジャーナリスト、俳優、劇作家、編集者、高校教師、音楽家、エンターテイナー、ビジネスマン、女性**、翻訳家	学生、教授、ラビ、ジャーナリスト、俳優、劇作家、心理療法士、翻訳家、その他***

* 属性と出身は、原文に記載されていた順に示した。
それぞれ原文では **"women"、***"people from many other walks of life" と書かれている。
2007 年の状況から主婦と高齢者にあたると考えられる。
"International Summer Program 2006; 2007[36]" より筆者が和訳。

Ⅲ　「魂」のための言語学習　　123

からは毎日通う教師や生徒と教師が多いということで、主催者が無料のミニバンを運行させた。筆者もこのミニバンを利用したが、他に教師2名と生徒8名が同乗していた。

e. 2007年の夏期講座の日程と内容について

クラスは、まったく初めて学習する人々から、文学作品について流暢なイディッシュ語で議論できる上級者まで、イディッシュ語の能力によって7つほどに分けられていた。

語学の授業の教科書は、講師たちが講座のために作成した冊子であった。筆者が受講した際に教科書とした『学習帳 中級2級』(図3-3)には、前半に詩や小説の原文、後半に文法が掲載されていた。

授業では、イスラエルの個人出版の記事が読まれることはなく、YIVOの

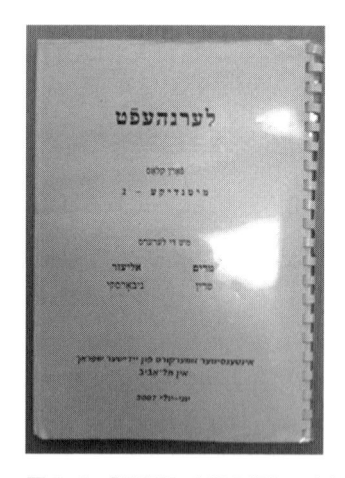

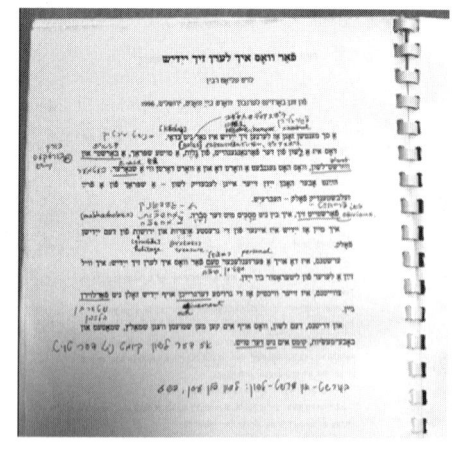

図3-3 『学習帳 中級2級』の表紙(左)と中面

A4サイズで白黒の簡易製本。表紙の一番上に「学習帳」、以下、クラスと教師の名前、夏期講座名と期間が記されている。右の写真は、「なぜイディッシュ語を学ぶのか」(和訳は本章2節に掲載)が記されたページ。手書きの文字は筆者のメモ。すべてのページが片面印刷。
(*Lernheft farn klas mitnsike 2*: 表紙、3)

正書法で書かれた文学が扱われた。作文もこの正書法で書くことが重視され、違えば講師にその都度修正された[37]。とはいえ講師が学習者に文法や綴りの間違いを指摘する際に、とくに主婦や高齢者に対しては寛容だったように感じられた。学習者が家族の過去の文化に触れることを目的としているのを心得ているのだろう。

　休憩時間には、すべてのクラスの人々がホールに集まり、主催者が用意した飲み物やお菓子などを手に、ヘブライ語や英語、イディッシュ語など、さまざまな言語で雑談していた。昼食のための休憩の後にもイディッシュ語に関係する講義やコンサート、演劇、博物館見学、映画上映などがあった。これらへの参加は任意だが多くの人々が集まり、しばしば夏期講座の受講生でない人も主催者や受講生の知り合いとして出入りしていた。

　例として夏期講座の第1週目の日程を表3-3に示す。日程表にはそれぞれ

表3-3　イディッシュ語夏期講座の第1週目の日程

6月25日(月)	9:00～ 9:45 9:45～10:30 11:00～15:00 18:30～21:00	受付 夏期講座開講式 語学授業 歓迎会（コンサートと食事）
6月26日(火)	9:00～13:00 14:00～15:30 16:00～17:30	語学授業 ユダヤ式学習法についてのワークショップ （イディッシュ語、ヘブライ語、多少の英語） 詩のワークショップ（英語とイディッシュ語）
6月27日(水)	9:00～13:00 14:00～15:30 16:00～17:30	語学授業 ディアスポラ博物館見学 （英語、オプションでイディッシュ語） 音楽と歌のワークショップ 「イディッシュ音楽と歌」
6月28日(木)	9:00～13:00 14:00～16:00	語学授業 イディッシュ映画シリーズ 『バイオリン弾きのユダヤ娘』鑑賞 「2つの世界のイディッシュ語映画」（英語）
6月29日(金)	9:30～12:30	語学授業

Second Yiddish Summer Program at Tel Aviv University のイディッシュ語ページ：3-4、英語ページ：3-4 より筆者作成。

の講義やイベントが誰によって何語で実施されるかが示されている。

　初日には夏期講座の受付と開講式が行われ、夕方からは歓迎会があり「若きイディッシュ」が歌や踊りを披露した。受講生や主催者は夕食を食べながらヘブライ語と英語、そしてイディッシュ語で交流した。彼らの中には夏期講座以前からの顔見知りも多いようで、他のイディッシュ語学習の場や「若きイディッシュ」の定例会などでも交流していることがよくわかった。

　2日目は語学の授業の後「若きイディッシュ」のメンディ・カハンによる「ユダヤ式学習法」というワークショップが行われた。内容は基本的にはイディッシュ語で、しばしばヘブライ語と英語で解説された。夕方はミリアム・コラル[38]というカリフォルニアから招聘された講師がイディッシュ語女性詩人マルカ・ハイフェッツ・トゥスマンの詩を朗読して英語で解説した[39]。

　3日目は語学の授業の後、大学内のディアスポラ博物館[40]を見学した。受講生はイディッシュ語で解説を聞くグループと英語で解説を聞くグループに分けられた。さらに夕方、「若きイディッシュ」によるワークショップ「イディッシュ音楽と歌」が開かれた。

　4日目は語学の授業の後、1936年に発表されたミュージカル映画『バイオリン弾きのユダヤ娘[41]』を鑑賞し、ノヴェルシュテルン教授が「2つの世界のイディッシュ語映画」を英語で解説した[42]。「2つの世界」とは、地理的には東欧と新天地のアメリカであり、文化的には保守的な父親の世界と自由な娘の世界のことである。

　5日目は語学の授業が短縮され、午後は自由時間となった。ユダヤ教では金曜日の夕方から土曜の夕方までが安息日である。イスラエルでも都市によって多少異なるが、金曜日の夕方から安息日が明ける土曜日の夕方までユダヤ人の公共の交通機関がおおむねとまり、ユダヤ人の商店の多くは店を閉める。安息日に伴い土曜日は休みだった。

f. 講師について

　2007年の講師について表3-4に当時の所属と専門、居住地を記した。

　イディッシュ語夏期講座の講師は、主催者たちや講師同士の親密な人間関

係によって選ばれているようであった。テルアヴィヴ大学で行われた夏期講座では、筆者が知る限りでもひとつの家族から3人の講師が選ばれている。関係者からの情報では、その他の講師も人づてに集められたようである。イディッシュ語を話し、大学で教えることができる人材の数が限られ、その多くが知り合い同士ということもあるだろう。個人的な人間関係がその活動を支えていることは、個人出版の場合と共通する。

　講師は国内の他、フランス、アメリカからやってきていた。国外から講師を招聘するには国内からに比べて費用や労力がかかるだろうが、教育の水準を維持するためには必要なのであろう。イスラエルに住んでいる講師たちも、欧米でイディッシュ語を学んだ者が多い。欧米でのイディッシュ語の研究や

表3-4　2007年の夏期講座の語学講師の所属・専門と居住地

	所属・専門など	居住地
アヴラハム・ノヴェルシュテルン	文学研究者 ショレム・アレイヘム・ハウス所長 ヘブライ大学教授	イスラエル
イツホク・ニボルスキー	メデム協会所長	フランス
ダヴィッド・G・ロスキース	文化史研究者 ユダヤ教神学院教授	アメリカ
ナオミ・カダル	児童文学研究者	アメリカ
ダニエル・ビルンバウム	語学教師、ヘブライ大学学生	イスラエル
エリエゼル・ニボルスキー	語学教師、アーカイブズ調査	イスラエル
エステル・ロランスキー	不明	不明
レア・スキバ	語学教師	イスラエル
ミリアム・トリン	文学研究者、語学教師 ヘブライ大学博士課程	イスラエル

所属・専門と居住地は筆者の調査による。
(*Second Yiddish Summer Program at Tel Aviv University*: 1)

教育により、イスラエルにおける学習活動が支えられている部分は大きいといえよう。

[2]「ショレム・アレイヘム・ハウス」の市民講座

「ショレム・アレイヘム・ハウス」は、イディッシュ語やその文化の保護などの活動をしている団体である。1966年、個人やテルアヴィヴ市の公的援助によりテルアヴィヴにこの文化会館がつくられた[43]。政府の圧力が弱まり、イディッシュ語を保護する必要性が公にある程度認められた時期である。

ショレム・アレイヘム・ハウスでは、イスラエルの大学のイディッシュ語研究者たちによって、イディッシュ語の言語、文学、東欧系ユダヤ人の文化についての市民講座が開かれている。ノヴェルシュテルン所長によれば、受講生の数は年々増えている。特に2000年から2003年にかけてその数は2倍に増え、240人となった[44]。彼は次のように語っている。

> 受講生のほとんどは40歳から50歳で〔……〕、イディッシュ語を家で聞いて育った人たちです。けれどイディッシュ語の悪いイメージが、それを〔話すことを〕抑圧していたのです。
>
> Shalom, 15 May 2003, *Haaretz.com*（ヘブライ語）

このように、講座の受講生には、家庭の中でこの言語が抑圧されていたという人も多いだろうが、幼い頃にイディッシュ語を習得した人にとっても学習の機会となっている。

講座に通う女性は筆者に次のように話した[45]。彼女はパレスチナで生まれ、幼少期に家族とカナダに移住した。イディッシュ語はユダヤ人学校で学んだ。ある時イスラエルに帰りたいという強い気持ちを抱き、単身イスラエルに戻ってきた。カナダで身につけた英語を生かし、英語教師として働いてきた。仕事を引退し、夫も亡くなり、寂しく思っていた時期に、友人の誘いを受けてイディッシュ語の講座に通うようになった。テルアヴィヴ大学の夏期講座にも参加し、近所で引退した教師の集まりで自ら教師となってイディッシュ

語を教えるようになった。

　彼女のように、機会があればイディッシュ語を学びたいという人はそれなりに存在するのであろう。図3-4は、2008年度のショレム・アレイヘム・ハウスの講座案内である。

　所長の挨拶と講座内容が、ヘブライ語で書かれている。開講期間や開講日があらかじめすべて決められていることや、年間受講料を設定していることなどから、講座が組織的に運営されていることがわかる。2008年度の開講期間は10月末から6月末までと、イスラエルの国立大学の授業の日程とほぼ同じであった。受講料は600シェケル（1シェケル33円で日本円に換算すると19,800円）である。

　講座の種類と開講時間は次のとおりである。語学や文学のクラスがあり、授業は週1回90分間行われている。語学のクラスは、初級から上級まで4つに分かれている。講座は1週間に何回か開講されており、時間も午前中や夕

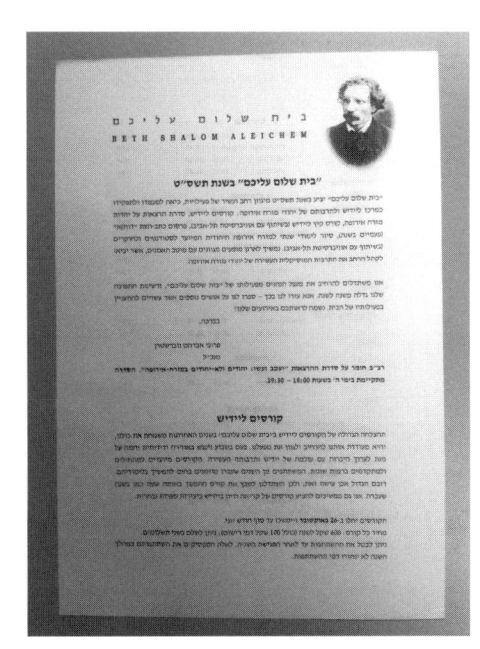

図 3-4
ショレム・アレイヘム・ハウスの講座案内

右上の肖像は作家ショレム・アレイヘム。（「ショレム・アレイヘム・ハウス 2008 ～ 2009 講座案内[46]」）

Ⅲ　「魂」のための言語学習

方と複数設定されている。「イディッシュ語文化会」や「労働者の輪」の集会と異なり、昼間働いている人でも受講しやすい。講師は、大学でイディッシュ語の研究をしているような専門家たちである。

　受講者たちはまず文法や語彙を学び、上級になると文学を読む。課題となるのは、ポーランドで生まれ、アメリカで活躍した作家シャロム・アッシュ[47]など、著名な作家の文学作品である。

　筆者はある受講生に連れられて、小説読解のクラスに参加したことがある。その講座の受講生は40人から50人程度で中高年が中心であった。講義の前の雑談はヘブライ語が多かった。講義では講師が小説を音読し、しばらく読むと内容をイディッシュ語とヘブライ語、そしてしばしばロシア語で解説していった。講師もロシア語がかなり得意そうであったし、受講生の中にもロシア語を話す者が多いのだろう。受講生は真剣に彼女の音読と解説を聞き、しばしばヘブライ語で質問した。講師がしばしば中断して周囲の人々と不明な点を確認するように促すと、受講生はヘブライ語やロシア語で内容について話し合った。

　筆者が参加した日に読んでいた小説について、題名は失念してしまったが、大学の読解の授業で読まれているものと比較しても決して簡単なものではなかった。話者の子孫が小説の読解に取り組めるのは、イディッシュ語がまったくの外国語ではないからだろう。ただしイディッシュ語で話すのは難しく、この講座では目標とはされていないようであった。

[3] ヘブライ大学における語学授業

　ヘブライ大学ではイスラエル建国直後からイディッシュ語の研究が行われ、文学、言語学、歴史などの分野で世界的に活躍する研究者が育成されている。大学院の授業では教師や受講者の顔ぶれによって、ヘブライ語だけではなくイディッシュ語も講義の言語として使われていた。講師がしばしば言語を切り替えて話し続けても、受講生は理解できていたようで活発に質問や意見を述べていた。

　ヘブライ大学において、イディッシュ語で大学院の講義を受けられる若

者を養成しているのはハナン・ボルディン[48]という語学講師である。彼はアメリカやヨーロッパなどのイディッシュ語夏期講座で毎年教えており、イディッシュ語学習者や研究者の間でよく知られた存在で、年間のべ50人ほどの生徒を受けもつ。

　ヘブライ大学の語学講座は、初級と上級のクラスに分かれており、どちらもボルディンが担当している。初級では文法や語彙の基礎が教えられ、上級ではさらに細かい文法と文学作品について学ぶ。筆者が受講していた上級のクラスには毎回10人程度の生徒が出席していた。受講生は必ずしも若者だけではなく、退職後にイディッシュ語を勉強している高齢者もいた。

　授業はボルディンが自ら作成したイディッシュ語の教科書『語と行為[49]』にそって進められた。これは一般の書店などでは販売されておらず、学期の初めに講師が販売した。さまざまな作家による短編や長編の一部、文法の解説と練習問題がすべてYIVO式の正書法で掲載されている。

　授業では生徒が文章を音読し、講師が語彙や内容をイディッシュ語で解説する。読解が終わると内容を確認するために練習問題を解く。次に文法を学んで練習問題を解く。形式としては外国語学習のようであるが、受講生たちにとっては先祖の言語である。彼らが聞いて理解できることを承知で、ボルディンはイディッシュ語だけで話そうとするが、受講生はイディッシュ語だけではなく、ヘブライ語で発言する。テキストの内容や文法の規則について確認するのには、ヘブライ語の方が便利なのであろう。イディッシュ語だけの会話はなかなか実現しない。

　授業ではイツィック・マンゲル、イサク・レイブ・ペレツ[50]、ショレム・アレイヘムなど、東欧や欧米を中心に活躍した作家たちの文学作品を読む。イスラエルの作品で読まれたのは、アヴロム・スツケヴェル[51]が1953年に書いた小説「麦わら帽子の女[52]」だけだったと記憶している。

　このようにイディッシュ語の授業で読まれるのは、著名な文学作品だけである。『人生の問い』や『最新ニュース』などにイスラエルの東欧系ユダヤ人が日常を綴った記事は読まれなかった。彼らにとってヨーロッパのイディッシュ語こそが、学び、継承するべきものなのであろう。

以下に、語学講師のボルディンと、かつてその生徒だった2人の研究者への聞き取りをまとめた。

a. ハナン・ボルディン

ボルディン[53]は1950年代末に、当時ソヴィエト連邦領だったリガ（現在のラトヴィアの首都）で生まれ、1978年にイスラエルに家族と移住した。ボルディンはイディッシュ語を聞いて育ったが、母語はロシア語である。それ以外は得意な順にイディッシュ語、ヘブライ語、英語、ラトヴィア語が話せる。イディッシュ語はリガのユダヤ人学校で学んだ。

ボルディンがイディッシュ語を日常的に使うようになったのは最近のことである。10年前は、一緒にイディッシュ語を話す相手がいなかった。それどころか彼ですらイディッシュ語を流暢に話すことができなかった。イスラエルに移住してしばらくは、ヘブライ語を話す機会の方が多かったという。しかしある時期から大学の教員や学生たちとはイディッシュ語で話すようになった。家では同居人とロシア語で話しているし、ヘブライ語を話すのは買い物や事務手続のときだけだという。

本章3節の「『魂』に象徴される言語学習」ですでに述べたが、彼は「魂というものを感じるのは、イディッシュ語にだけだよ。他の言語には感じない」と語っており、イディッシュ語を精神的な支えともしている。彼にとってこの言語を教えることは、生業を超えて「魂」を共有できる人々を増やすためであろう。

彼はロシア語とイディッシュ語については、どちらの言語も好きだが、同情的になるのはイディッシュ語に対してだけだという。ロシア語は外国語であるし話者は十分いるので心配していないが、イディッシュ語は自分自身の大切な言語だが、話者が減少している。

一緒に話す仲間を増やすためにもイディッシュ語を教えている。しかし生徒が講座を受講した後に学習をやめてしまうことも多く、この言語だけで話せる人を育成するのは難しいという。こういった状況から、毎年ひとりでも多くの生徒がイディッシュ語を学び続けてくれればと願っている。

次に対照的な彼の生徒2人について述べる。彼らは調査の8年ほど前にボルディンのクラスでイディッシュ語を習い始めた。オレン・ロマンはその後も学習を続け、イディッシュ語教師として教えるまでになった。一方サミュエル・バルナイは受講後すぐ学習をやめた。

　調査時オレンは修士課程の学生でイディッシュ語について研究する傍ら、国立図書館でイディッシュ語の文献調査を担当していた。サミュエルは博士課程の学生で、ヘブライ大学にあるネヴツリン研究所[54]で東欧のユダヤ人の歴史を研究していた。

b.　オレン・ロマン

　オレン・ロマン[55]は1970年代末にイスラエルで生まれた。母語かつ第一言語はヘブライ語である。次に得意なのはイディッシュ語、続いて英語、ドイツ語、フランス語である。ヘブライ語は語学教師として移民や留学生に大学で教えている。イディッシュ語は大学で8年以上学習し、研究しながら教えている。英語は学校で学び、アメリカにも住んでいたことがあるため母語のように使える。ドイツ語は、イディッシュ語を学習した後でドイツに2年間留学して習得した。フランス語は大学までに6年以上かけて勉強し、読むことができるという。

　彼は複数の言語を学習したが、イディッシュ語に対してだけは他の言語と異なる感情をもっている。子どもの頃からいつも家で祖父母が話しているのを聞いて、いつもきれいだと感じ、いつか自分も話したいと思っていた。彼はこういった背景があって、イディッシュ語の学習を始めた。基礎的な文法や語彙の学習を終え、あるときから、イディッシュ語を通して知り合った人々とはイディッシュ語だけで話すようにしている。

　当時、彼は図書館でイディッシュ語の資料を整理する仕事をしながらショレム・アレイヘム・ハウスなどで語学を教えていた。日常生活ではヘブライ語ほど使う機会がないが、彼にとってイディッシュ語は学業と仕事のために必須である。とはいえ家族とは今でもヘブライ語で話している。長い間ヘブ

ライ語で話していた相手と、ある日突然イディッシュ語だけで話すのは難しいという。

　イディッシュ語の研究や教育に熱心な彼だが、将来イディッシュ語は、「死にゆく言語[56]」となるだろうと悲観的である。その理由はイディッシュ語話者の多くが東欧を去り、集住しなくなったからだという。彼によれば、ある言語が話され続けるためにはその言語で話すための「土地[57]」が必要だという。話者が集住して、その言語を使うための環境を維持していなければ、イディッシュ語を話し続けるのは難しいと主張した。話者が多く存在したにもかかわらず、移民の数々の言語が話されなくなっていったイスラエルの状況に直面すれば、こういった考えに至るのも自然かもしれない。

　彼は話し言葉が消えゆく一方で、書き言葉としてのイディッシュ語は今後も受け継がれ、ラテン語のように読まれ続けるだろうと考えている。それはイディッシュ語には非常に豊かな文学の世界があるからだという。

c.　サミュエル・バルナイ

　サミュエル・バルナイ[58]は1970年代半ばにウクライナで生まれ、1992年にイスラエルに移住した。母語も第一言語もロシア語で、ヘブライ語は次に得意な言語である。3番目に得意なのが、子どもの時に住んでいたウクライナで習得したウクライナ語、4番目に得意なのが英語で、その他にもポーランド語、フランス語を学校で習った。イディッシュ語はほとんど話せず、決まったフレーズしか言えない[59]。

　彼がボルディンのイディッシュ語のクラスを受講したのは、修士課程でウクライナの歴史を研究していた時である。東欧での文献調査のために学習したが、調査ではロシア語とウクライナ語の文献を使い、結局イディッシュ語はほとんど使わず学習もやめてしまった。過去のユダヤ人の歴史を知るためにも、イスラエルの国家遺産として保護するのがふさわしいと考えてはいる。しかし、彼も含めた多くの人々の日常生活にはほとんど必要ない。

　ボルディンのかつての生徒、オレンとサミュエルは、同じ時期にイディッ

シュ語を学び始めた。オレンはイディッシュ語の研究と教授を生業とするまでに習得し、サミュエルは学習をやめてしまったという点で対照的である。さまざまな理由が考えられ、単純な比較はできないが、まず彼らの専門分野が異なることが大きな理由であろう。

　専門分野の選択に彼らの家庭の言語が関係していたことも考えられる。オレンの家庭ではヘブライ語の他にイディッシュ語が話されていたのに対し、サミュエルの家庭ではロシア語が話されていた。筆者はオレンがイディッシュ語の学習を続け、研究し、教授しているのは、この言語が彼にとって家族との思い出が詰まった重要なものだったからではないかと考えている。

本章のまとめ

　本章では東欧系ユダヤ人が、イディッシュ語の学習に取り組むようすとその背景についてまとめた。読書会といった私的な空間や、大学や市民講座といった公的な空間において、先祖がイディッシュ語を話していたという人々が学習活動に励んでいた。

　学習者は家族や自分について知るために、イディッシュ語を学ぶことを大切にしている。中には、イディッシュ語は「魂」に通じる特別な言語だと話す人たちもいた。学習活動では、家庭ではイディッシュ語が継承されなかったが、自分は話者の子孫だという人々が一緒に学ぶことができる。彼らはともに文学作品を読み内容を分かち合うことで、各々の家族の歴史を振り返り、東欧系ユダヤ人としての出自を確認していると考えられる。

結論

　1948年から21世紀初頭のイスラエルにおけるイディッシュ語個人出版と言語学習活動について調べると、これらの活動には次のような共通点が見いだせた。

　まず、活動の主体が東欧系ユダヤ人のイディッシュ語話者やその子孫であること。彼らが個人的な利益や名誉よりも、イディッシュ語にかかわること自体を目的としていること。そして活動が他の東欧系ユダヤ人との交流の場となっていること。彼らの活動は、他の言語では充足しきれない「自分らしさ」を満たそうとするものであることだ。

　世界各地の移民がヘブライ語を共通の言語とするイスラエルで、東欧系ユダヤ人にとってイディッシュ語は出自の象徴となる言語である。個人出版と言語学習の活動では、東欧系ユダヤ人が独自のユダヤ性を強く意識している点は共通していた。

　ただし個人出版にかかわる話者と、学習活動にかかわる話者やその子孫には、彼らが考える「イディッシュ語」の意味合いに違いがあった。この言語を幼少期に習得した高齢者にとって、イディッシュ語は日常生活の一部であり、実用的な言語である。これに対して多くの若い世代にとって、イディッシュ語は非日常的な言語で、日々の生活にかかわることを話すためというよりは、過去に書かれた文学を読むための言語である。

　こういった背景から高齢の話者よりも若い世代に担われる学習活動では、

イスラエルで発行された日々の話題を取り上げたイディッシュ語新聞や雑誌の記事はあまり扱われない。彼らは著名な作家の文学作品を読むことに重きを置いており、ユダヤ人が東欧に集住していた時代の文化や生活が「自分らしさ」の維持に欠かせないと考えているようである。話者が存在し、文化を受け継ぐことが一見可能に見える一方で、学習者にとってイディッシュ語はすでに文化遺産となっているのだろう。個人出版と言語学習の活動、話者と学習者の活動の乖離は、東欧系ユダヤ人の家庭でイディッシュ語が継承されなかったことに大きな原因があるだろう。

　建国当時、ヘブライ語の使用拡大を推しすすめるイスラエル政府は、大衆がイディッシュ語を使うことを恐れ、圧力をかけた。離散やホロコーストを想起させるイディッシュ語を公には話しにくいという社会的な風潮もあり、話者は子どもにこの言語を「うっかり」継承しないように注意をはらった。個人出版に情熱を燃やした人物でさえ、子どもとはヘブライ語で話していたほどである。

　イスラエルで発行されたイディッシュ語の個人出版には、話者が減少した経過を見ることができる。第一期（1948〜1950年代）には個人出版の目的は話者への情報提供だったのが、第二期（1970年代）には新移民の創作の場となった。さらに第三期（2000年〜）にはイディッシュ語で出版することが目的となっている。

　一方、言語学習活動は、個人出版第二期の頃から公に行われるようになり、第三期と時期を同じくして盛んになった。イディッシュ語の存在が消えつつある中、読書会や大学や文化会館などでの語学講座には、イディッシュ語にこそ、自分の根となる文化を見いだせるのではないかと考える人々が、言語を通した自分探しを目的に集まってきているようだった。

　学習者や教師の中にはイディッシュ語に「魂」を感じると表現する人々もいた。母語でなくても、家族が話していたという点で、非常に強い愛着と親しみを感じているようである。移民国家における多言語、多文化状態の中で、イディッシュ語の学習に基軸をおいた集いにおいては、東欧出身のユダヤ性を共有し、学びあうことができる。

21世紀初頭現在は、建国時に移民たちが日々の生活でイディッシュ語を必須とした時期とは異なり、自分らしさを精神面で支えるための要素として再びイディッシュ語が見直されている時期なのであろう。

おわりに

　本書は、東京大学大学院人文社会系研究科に提出した博士論文に加筆したものである。本書を終えるにあたり、筆者がイディッシュ語の研究を始めたきっかけと、イスラエルで調査することになった経緯を記しておく。

　筆者はもともと言語と人、そして国家の関係に漠然とした興味を抱いていた。あるとき田中克彦先生に研究テーマについて相談すると、先生は「きみ、ドイツ語やったんだし、イディッシュやれよ。おれ、やりたかったんだ」と助言された。素直に勉強してみると、たちまち筆者はその魅惑的な言語のとりこになり、自分も話してみたいと思うようになった。

　アメリカで出版された教科書『カレッジ・イディッシュ』で学ぶと、ドイツ語の知識で簡単な文章がすぐに読めるようになった。しかし次第にそれが非常に奥深い言語であるということがわかってきた。独学の限界を感じ、イディッシュ語を理解するためには、ユダヤ文化についての知識と、一緒に学ぶ仲間が必要だと考えた。

　そこで筆者は2003年と2004年に、ユダヤ人の故地のひとつリトアニアの首都ヴィリニュスで開かれている夏期講座に参加した。それについては修士論文『言語的故地巡礼：東欧系ユダヤ人のリトアニアにおけるイディッシュ語学習の場合』にまとめた。授業や他の参加者との交流を通して、この講座が東欧から欧米やイスラエルなどに移り住んだユダヤ人の子孫が、先祖の故地と言語について学ぶために存在することを知った。

　本書で触れたイスラエルのカバレット集団「若きイディッシュ」も、リトアニアのその夏期講座で文化活動をしていた。リトアニアのイディッシュ語話者はごく限られた数しか存在せず、現地のスタッフだけでは講座が運営できないようだった。筆者は「若きイディッシュ」の女性歌手ポリーナと親し

くなり、彼女が旧ソ連からイスラエルに移住し、保育園でヘブライ語の歌を教えつつ、歌手をしていることを知った。あるときふたりで散歩しながら彼女に「こんなにたくさんイスラエルからの参加者がいるのなら、なぜイスラエルで夏期講座をしないの？」と質問してみた。すると彼女は急に黙って少し険しい表情になり、「イスラエルの夏はねえ、暑すぎるから」とだけ答えた。実際イスラエルの夏は暑いが、気候だけが理由ではないだろう。彼女が本当の理由を言うのを避けたように感じられ、もうそれ以上質問することはできなかった。

　別れ際に彼女は、イスラエルの偉人をかたどったコイン型のチョコレートと、イスラエルの国旗が印刷してある消しゴムを筆者に渡し、「イスラエルにおいで」と言った。そして彼女との交流をきっかけに筆者はイスラエルのイディッシュ語について考えるようになり、2006年の夏からイスラエル政府奨学生として留学することになった。

　筆者がイスラエルに留学した2006年は偶然にも『最新ニュース』が発行された最後の年であり、イディッシュ語の夏期講座がテルアヴィヴ大学で開催された最初の年であった。「若きイディッシュ」もこの夏期講座の文化活動を担当し、ポリーナもそこで歌っていた。話者の活動が縮小する中で、保護活動が活発化するのを目の当たりにしたからこそ、筆者が本書のテーマにたどり着くことができたのだと思う。

　イスラエルでは話者や学習者の集いに参加しながら、彼らの活動の意味を考えるようになった。個人出版でもイディッシュ語学習でも、人々が個人的なつながりを非常に重視して活動を展開していることがわかった。

　彼らの間のやりとりを聞くためにも、そこに自分が参加するためにも、イディッシュ語が非常に役立った。本書はイディッシュ語で調査したからこそ、えられた成果だと思う。ヘブライ語についてはウルパンでしごかれ、泣きながら勉強した。時にやるせない気持ちにもなったが、後からこの言語がとても役立った。文献を読んだり、話者の子孫と話したりするために必須だったのだ。言語については、さまざまな悔いが残る。話者の多いロシア語やアラビア語も理解できていたら、イスラエルのことがもっとよく理解できていた

だろう。これらの言語は今後の課題としたい。

　筆者は本書の執筆を終え、イスラエルのイディッシュ語について大まかな変遷をつかんだ。今後はイディッシュ語で書かれたイスラエルの文学に注目したい。イディッシュ語の文学には、東欧系ユダヤ人移民の内なる世界が書かれている。それらを和訳しながら、話者の目を通してイスラエルの歴史をたどりたい。

　特に注目したい作家は、建国当初から現在までイディッシュ語で作品を書き続けている女性詩人リフカ・バスマン・ベン＝ハイームである。イディッシュ語話者の移民の女性がイスラエルでどのように暮らし、何を考えて生きてきたのかについて考察したい。そしてイディッシュ語を中心に、他の言語による創作にも目を向け、イスラエルの移民の歴史を考察したい。この研究を通して、日本におけるイスラエル、ユダヤへのまなざしに変化を起こすことができるのではないかと考えている。

　以下謝辞として、出版にいたるまでにお世話になった方々にこの場を借りてお礼を申し上げます。イスラエルの方々のお名前は、ラテン文字で挙げさせていただきます。

　筆者は、一橋大学名誉教授の田中克彦先生、留学を後押ししてくださったバルイラン大学のTsvi Sadan先生のおかげで「イディッシュ語」と「イスラエル」というテーマに出会いました。

　イスラエルでは、ヘブライ大学のイディッシュ文学の専門家Yechiel Szeintuch先生が、時間を惜しまずに筆者の質問につき合ってくださいました。博士論文のもととなった「なぜイスラエル人がイディッシュ語を学ぶのか」という問いは、先生との会話の中で生まれ、イスラエルで調査を進める際の柱になりました。

　現地の調査では、Ze'ev Tsanin 氏、Itzhak Luden 氏、Bella Bryks-Klein 氏、Mordechai Donitz 氏、Bluma Lederhendler 氏、Rivka Cohen 氏、Shlomo Lerman 氏、Noemi Lerman 氏、Mirim Trinh 氏、Eliezer Niborski 氏、Hanan Bordin 氏、Melech Ziv 氏、Mordechay Yushkovsky 氏、Daniel

Galay氏、Oren Roman氏、Dvora Kosman氏、Carrie Friedman-Cohen氏、Samuel Barnai氏、Polina Belilovsky氏、Aron Einat氏をはじめとした、たくさんの方々が研究の趣旨を理解してくださり、協力してくださいました。

　留学を終え、東京大学大学院人文社会系研究科基礎文化専攻言語動態学研究室に戻って博士論文を執筆した際には、中村雄祐先生、角田太作先生から丁寧にご指導いただき、博士課程の渋下賢氏、辻笑子氏、大塚行誠氏にも大変お世話になりました。宗教学研究室の市川裕先生、博士課程の櫻井丈氏と山本伸一氏、テルアヴィヴ大学から留学していたErez Joskovich氏には、東京にいながらヘブライ語やユダヤ、イスラエルに触れる貴重な機会をつくっていただきました。

　本書を刊行するにあたっては、立命館大学の西成彦先生、ヘブライ語の翻訳家である母袋夏生氏にイディッシュ語やヘブライ語の世界を洗練された日本語で紹介することの重要性を教えていただき、非常に励まされました。防衛大学校名誉教授の立山良司先生は、『イスラエルを知るための60章』において、筆者が出版に参加する初めての機会をつくってくださいました。それが本書につながったと考えています。そして、校閲を快く引き受けてくださった大阪大学の赤尾光春氏、出版を引き受けてくださった三元社の石田俊二社長、とても丁寧に読み、編集してくださった山野麻里子氏にも心から感謝しています。他にもたくさんの方々にお世話になり、ここには書ききれないほどです。

　日々の生活の中で、出版するのはもう無理だろうと思ったことが何度もありました。しかし、どんなときでも筆者を支えてくれたのは理解ある夫と、人とことばの関係について体当たりで考えさせてくれた子どもたちです。とても感謝しています。

　筆者はイディッシュ語の学習、研究のために以下の助成を受けました。年度順に列挙します。調査研究は助成なしには不可能でした。この場を借りてお礼を申し上げます。

1. YIVO Uriel Weinreich Program in Yiddish Language, Literature & Culture 2005 Summer Program Scholarship
2. 2006-2007年イスラエル政府奨学金（Israel Government Scholarship）
3. The Leonid Nevzlin Research Center, Simon Dubnow Institute：The International Forum of Young Scholars of Russian and East European Jewry 2007 in London Scholarship
4. 平成20年度（前期）　東京大学学術研究活動など奨励事業（国外）
5. 平成20年度布施学術基金学術奨励費「若手研究者研究費」
6. The Goldreich Families – Beth Shalom Aleichem Yiddish Summer Program at Tel Aviv University with the Naomi Foundation Scholarship 2008
7. 「東京大学博士課程研究遂行協力制度」に基づく学術研究支援費 2008年度
8. 「東京大学博士課程研究遂行協力制度」に基づく学術研究支援費 2009年度
9. 「東京大学博士課程研究遂行協力制度」に基づく学術研究支援費 2010年度

なお本書は、日本学術振興会より平成25年度科学研究費助成事業（研究成果公開促進費）の交付を受けて出版することができました。

注

〈はじめに〉

1　(Harshav 1999: 27-73)
2　「ユダヤ人」の概念は、時代とともに変化しており、古代からしばらくの間は「ユダヤ教徒」とほぼ同義であったのが、現代では必ずしもそうではなく、ユダヤ人が「民族」としてとらえられるなど、より複雑化している（市川 2009: 4-8参照）。本書では、イスラエルで自分たちを「東欧出身のユダヤ人」ととらえている人々を対象としている。
3　"A sprakh iz a dialect mit an armey un flot." (Weinreich 1945: 13)
4　ヘブライ語は時代と特性により、大きく4つに分類される。まず旧約聖書の言語、聖書ヘブライ語。次に、律法を記すのに使われたラビ・ヘブライ語、さらに中世ヘブライ語、そして現代ヘブライ語である。現代ヘブライ語は、聖書ヘブライ語をもとにしてラビ・ヘブライ語の構文にならって作られたものである。19世紀末から起こった、ユダヤ民族の国家をつくるための運動（シオニズム）と結びつき、ユダヤ民族の言語として話し言葉も広がっていった。

〈序章〉

1　"Tshernovits language conference"（Fishman 1980）。チェルノヴィッツは、他にもCernowitz, Cernowceなどと綴られる。
2　正式名はYidisher visnshaftlekher instituteでYIVOと略される。直訳するとユダヤ学術研究所。本書ではYIVOが実質的にイディッシュ語と東欧系ユダヤ人の歴史や文化を研究していることから「東欧ユダヤ学術研究所」と訳した。YIVOは、1940年にニューヨークに移転。
3　イスラエル建国初期に行われた移民へのヘブライ語教育については、(Zamertet 2002)などに詳しい。
4　(Fishman and Fishman 1978; 上田 1988: 615-616, 623-630; Spolsky and Shohamy 1999: 212-213)
5　Sholem Aleichem（1859～1916）
6　*Tevye der milkhiker*（1895）
7　*Fiddler on the Roof*
8　(Noverstern 2007e)

9　（Noverstern 2007f）
10　Isaac Bashevis Singer（1902〜1991）
11　"Isaac Bashevis Singer - Banquet Speech" Nobelprize.org. 24 September 2010
12　（Lewis ed., 2009）
13　Spolsky & Shohamy（1999: 1-2）では、イディッシュ語を日常生活で使用するとされている敬虔なユダヤ教徒に特定の名称をつけるのは難しいとしながらも、折衷案として"haredim"を挙げている。日本語では超正統派ユダヤ教徒、ハレディームなどと記される。本書では超正統派ユダヤ教徒とする。
14　Satmar Hasidism
15　2008年8月から9月にかけて聞き取りし、授業を参与観察した。
16　（Isaacs 1999）
17　（CBS 2010: 93）
18　"Druze": http://global.britannica.com/EBchecked/topic/172195/Druze
19　2009年度の人口統計だが、本項目ではイスラエル統計局が2008年のデータを使用。
20　（CBS 2010: 156）
21　東欧系ユダヤ人の帰属や出自の研究も赤尾（2005）などによって行われている。他にUeda（1991, 1992, 1994, 2000）は、イディッシュ語劇の脚本をラテン文字化した。
22　池田（1994）、立山（2000, 2012）、市川（2006, 2008, 2009）、早尾（2008）、臼杵（2009）など。
23　2009年末の全人口約755.2万人のうち、都市別の人口はエルサレムが最多の約77.3万人、次いでテルアヴィヴが約40.3万人（Central Bureau of Statistics CBS 2010: 94）。
24　個人出版の現物とマイクロフィルムは、イスラエル国立図書館やイディッシュ語関連の施設に残されている。今後電子化が進めば、時間と場所を選ばずに文献調査が可能である。一方で出版人たちは高齢化が進んでおり、早急に会う必要があった。
25　"language biography"（Nekvapil 2003: 63）
26　*Takones fun yidishn oysleyg*（Schaechter 1999: 59-65）
27　（Schaechter 1999: VI-VII）
28　（Schaechter 1999: 109）
29　Academy for Hebrew Language
30　（Goerwitz: 490-491）

〈Ⅰ　イスラエルにおける「死にゆく言語」の現状〉
1　イスラエルで話されているヘブライ語の名称は「現代ヘブライ語」"Modern Hebrew"が一般的だが、より限定的な名称として「イスラエル・ヘブライ語」"Israeli Hebrew"や「イスラエル語」"Israeli"なども使われている。詳細はZuckermann（2008）などを参照されたい。

2	アラビア語については標準語の他、諸方言が存在する（中野 1988: 462-483）。本書では、イスラエルのアラビア語で最も話者数が多い南レバノン口語アラビア語 "South Levantine Spoken Arabic"（表1-1参照）をアラビア語と略す。
3	各言語の名称についてまだ日本語の定訳がないものも存在するので（Lewis ed. 2009）の英語表記も併記した。各言語の詳細については（上田1992: 600-612）を参照されたい。
4	方言の詳細については（上田1988: 622-627）を参照されたい。
5	Mea Shearim
6	プラス（Plus）の意味は不明だった。
7	"Knesset": http://www.knesset.gov.il/ （2011年2月28日）
8	"as a mother tongue"（Spolsky and Shohamy 1999: 73）
9	Ulpan
10	"as a second language"（Spolsky and Shohamy 1999: 106）
11	アラビア語圏からのユダヤ人移民もアラビア語話者である。
12	Modern standard Arabic
13	(Spolsky and Shohamy 1999: 115-120, 138-155)
14	アラブ人が集住する地域では、アラビア語の標識や看板が目立ち、ヘブライ語や英語が書かれていないものも多々ある。
15	"everybody's second language"（Spolsky and Shohamy 1999: 156）
16	(Spolsky and Shohamy 1999: 118-119; 156-186)
17	(Spolsky and Shohamy 1999: 234-241)
18	1934年に設立されたロシア極東部のユダヤ人自治州の州都ビロビジャン（Birobidzhan）では、ロシア語と並びイディッシュ語が「地域」の公用語だった。
19	(Noverstern 2007f)
20	David Ben-Gurion
21	"Safa zara ve tsoremet"（Rojanski 2005b: 463）
22	"the Pure Language Society". 超正統派からは、これが「聖なる言語」古典ヘブライ語の「崩壊」型と見なされるわけであるが、現代ヘブライ語はユダヤ人国家の公用語として、宗教的な神聖さ以外にも新たな純粋性を獲得したとも考えられよう。
23	"corrupted language"（Spolsky 2004: 22-23）
24	"heritage language"（Spolsky and Shohamy 1999: 211）。訳語について、「母語・継承語・バイリンガル教育研究会」（Mother tongue, heritage language and bilingual education (MHB) research association, http://www.mhb.jp/）を参照した。
25	"community language"（Spolsky and Shohamy 1999: 211）
26	イスラエルの義務教育は、初等教育（1～6学年、6～12歳）、中等教育（7～9学年、12～15歳）、高等教育（10～12学年、15～18歳）に分けられる。

27	(Szeintuch 1976, 1977)
28	Mordechai Dunitz. 彼についてはⅠ章5節［1］「イディッシュ文化会」で後述。
29	"Devotion to a 'dying' language"
30	(Bogoch 1999)
31	詳細を尋ねることで、彼女が話をやめてしまうことを懸念し、筆者は私的に教えていたか公的機関で教えていたかについて聞くことができなかった（2007年6月）。
32	(17 May 2010: 1046-1048) [The proposal lists of the government law] 505
33	National Authority for Yiddish Culture
34	*Yidish - safa ve tarbut*
35	筆者による教育省の職員への聞き取り（2008年9月16日）。
36	イディッシュ語に対する社会的風潮の変化について、新聞や雑誌におけるイディッシュ語の扱い方を年代ごとに定量分析することで、より詳細な状況が把握できると考えられるので、今後の課題としたい。
37	"Kinderlakh"
38	Miriam Trinh, Eliezer Niborski
39	"Yom tarbut hayidish"
40	"Yom tarbut hayidish": http://portal.knesset.gov.il/Com27alia/he-IL/Messages/26052009.htm
41	Shalom Aleichem House. ヘブライ語でBeth Shalom Aleichem.
42	(Stoil, 26 May 2009, *Jerusalem Post online edition*)
43	"Mir Redden Yiddish in der Knesset"（Stoil, 21 May 2009 *Jerusalem Post online edition*)
44	"mame-loshn". 直訳は「母語」だが、ほとんどの場合イディッシュ語を意味する。
45	Lia Shemtov
46	Israel Our Home
47	Avigdor Lieberman
48	"Jerusalem of Gold"
49	Naomi Shemer
50	(Mishal 2008: 145)
51	Avraham Noverstern
52	Sholem Aleichem（Shalom Aleichem）
53	Avraham Menachem Mendel Ussishkin
54	(Spolsky and Shohamy 1999: 213)
55	(Shneyerson, M et al. 1952)
56	(Spolsky and Shohamy 1999: 217)
57	"David Roskies": http://www.jtsa.edu/ x1346.xml?ID_NUM =100490, n.d. 17-23 July

	2009, *Forverts*
58	(Szeintuch, 13-19 March 2009, *Forverts*)
59	Dov Sadan Project
60	"The Dov Sadan Project for Yiddish studies": http://www.hum.huji.ac.il/units.php?cat=2932&incat=0
61	"Index to Yiddish Periodicals": http://yiddish-periodicals.huji.ac.il/
62	15th World Congress of Jewish Studies
63	(Dunitz, 14-20 August 2009, *Forverts*)
64	"The Jerusalem Conference: A Century of Yiddish 1908-2008": http://www.hum.huji.ac.il/units.php?cat=2934&incat=2932
65	Yung Yidish
66	Mendy Cahan
67	"Yung Yidish": http://yiddish.co.il/yung-yidish/
68	kabaret
69	"Di bloye kats"
70	イディッシュ語の「イディッシュ」(Yidish) と「劇」(shpil) を合わせて言葉遊びをしている。名称のラテン文字表記は劇団ウェブサイトに従い"d"を重ねる。
71	(Noverstern 2007f: 123-128; Rotman 2004: 46)
72	イディッシュ語で、"a kultur fun der fargangenhayt"(Rotman 2004: 58)
73	"Yiddishpiel": http://www.yiddishpiel.co.il/
74	イスラエルで他に話者が多いとされるアラビア語、ユダヤ・モロッコ語、ラディノ語などでは書かれていない。これらの言語の話者がイディッシュ語の演劇に関心をもつことが想定されていないようだ。
75	"Yiddishpiel": http://www.yiddishpiel.co.il/
76	"Yiddishpiel": http://www.yiddishpiel.co.il/
77	Jerusalem Theater
78	*Kinder fun Shotn*
79	Tsunoda(2005: 126)によれば、"recallers"、"recollecters"と呼ばれる。
80	彼らはイディッシュ語を幼少期に家庭で聞いて育ち、それ以降は聞く機会があまりなく、自分でも話すことはおろか、聞いても理解できないと思い込んでいるような人たちである。こういった人が何かのきっかけでイディッシュ語を聞いてみると、彼ら自身ですら驚くほど理解できる。筆者は初級のクラスで一緒に語学を学んだ高齢者が、読み書きや話すのは難しいのに、聞いたイディッシュ語はすべて理解し英語(彼女の第一言語)に同時通訳していたのを見たことがある。
81	NA`AMATは、女性の家庭や社会での地位向上を目指す団体。集会場では、毎週平日午前から夜まで主に女性向けの集会が行われている。2007年度は、体型維持教室、メ

イクアップ講座、体操教室、トランプ講座などが行われた。"NA`AMAT": http://www.naamat.org.il/index.php

82　Anatoly Lain
83　労働運動の詳細については西村（2011）が詳しい。
84　(Baltman 2010; Goodman et al. 1998). 第二次世界大戦後の世界各地のブンドの活動についてはSlucki（2009）などを参照されたい。
85　Bella Bryks-Klein
86　Gilles Rozier
87　Moishe Broderzon
88　100 yor yidish. シェイントフ教授は「イディッシュ文化会」でもこのシンポジウムについて講演している。本節［1］「イディッシュ文化会」を参照。
89　Lea Ayalon
90　Micha Josef Berdyczewski. クライナ生まれの作家。
91　マニ・レイブ（Mani Leib）とモイシェ＝レイブ・ハルペルン（Moyshe-Leyb Halpern）は、東欧で生まれアメリカで活躍したイディッシュ語詩人。
92　Isaac Leib Peretz（1852〜1915）. イディッシュ語でYitskhok Leybush Peretz. イディッシュ語で詩、短編、ドラマなどを書き、イディッシュ文学の水準を引き上げた。1852年にザモシチ（Zamość、現在のポーランド南東部）で生まれ1915年にワルシャワで亡くなった。

〈II　縮小再生産を続けるイディッシュ語個人出版〉

1　イスラエル独立前のパレスチナでもイディッシュ語出版が存在したが、本書では詳細には扱わない。1929年までのパレスチナにおけるイディッシュ語の状況についてはPilowsky（1985）などを参照されたい。
2　Aliyah. 直訳すると「上昇」。
3　市川（2009: 付録2）などを参照。20世紀初頭のパレスチナへのユダヤ人移民についてはAlroey（2004）などに詳しい。
4　(Luden 1996)
5　אילוסטרירטער װאָכנבלאַט
6　(Luden 1996)
7　Mordechai Tsanin
8　(Rojanski 2005a)
9　לעצטע נײַעס
10　以下、本書で引用する新聞や雑誌のタイトルとサブタイトルについて、新聞、雑誌によってはサブタイトルがしばしば変化するため、イスラエル国立図書館のウェブサイトを参照した。

11 הומאַנסטישע נייעס

12 ייִדישע צייטונג

13 詳細について図書館の書誌情報を調べたり、イディッシュ語出版協会のレイヴィック・ハウスや出版人にも問い合わせたが、公式な記録は得られなかった。正式に日刊化された年についても、Rojanski（2005a）は1958年、Luden（1996）などは1959年としており、情報が一定しない。

14 （Rojanski 2009）

15 די גאָלדענע קייט

16 Avrom Sutzkever

17 「黄金の鎖」は、時間を超えたユダヤ文化の鎖を強調している。"I.L. Peretz.": http://www.britannica.com/EBchecked/topic/451392/I-L-Peretz

18 Smorgon（当時ロシア帝国で、現在はベラルーシ）

19 1940年にニューヨークに移転。

20 Yung Vilna

21 "Avrom Sutzkever." http://www.britannica.com/EBchecked/topic/575849/Avrom-Sutzkever

22 Yosef Sprinzak

23 （Rojanski 2005a）

24 לעבנס פֿראַגן

25 Issachar Eichenbaum-Artuski

26 "Vegn undz": http://www.lebnsfragn.com/about.html

27 （Luden 1996）

28 "Internet Development Fund": http://internetdevelopmentfund.com/

29 יונג ישׂראל

30 （Yungman 1982: 59）

31 Rivka Basman Ben-Hayim

32 Wilkomir（現在はリトアニアのUkmergė）

33 1930年代から開拓を目的につくられた、共同生活によって営まれる農園。

34 （Yungman 1982: 61）

35 בני זיך

36 Komitet far Yidisher kultur

37 Itzhak Yanasowicz

38 （Luden 1999）

39 （Sadan 1972: 2-3）

40 （Yanasowicz 1973: 113）

41 Itzik Manger Prize. この賞は、東欧で生まれイスラエルで亡くなった詩人イツィック・

マンゲル（1901～1969）にちなんで名づけられた。

42　ירושלימער אלמאנאך, タイトルは発行当初『年鑑』（Almanakh）で、後に『エルサレム年鑑』（Yerusholaymer Almanakh）と変更された。

43　Yosef Kerler

44　Haysyn

45　Московский Государственный Еврейский Театр（1919～1948）

46　Eynkayt（איינקייט, 1942～1948）

47　Birobidzhaner Shtern（ביראבידזשאנער שטערן, 1934～1941, 1971～1993）

48　Dos gezang tsvishn tseyn（דאס געזאנג צווישן ציין）

49　Yidishe shrayber un zhurnalistn fareyn in yisroel opteylung yerusholaim

50　ヨセフ・ケルラーについてはKerler（2010）を参照。

51　"Yidish shrayber fun yerusholaim"

52　"Yerusholaymer Almanakh": http://yiddish-almanach.org/

53　Dov-Ber Kerler

54　"Yerusholaymer Almanakh": http://yiddish-almanach.org/

55　"Yerusholaymer Almanakh": http://yiddish-almanach.org/

56　"The New Almanach is out": http://yiddish-almanach.org/index.php/the-yerusholaymer-almanakh/

57　"Offshore and Cross-Border Program 2010": http://www.holocaustinthebaltics.com/2010BornsJewishStudiesPlot.pdf; "Borns Jewish Studies Program 2010": http://www.holocaustinthebaltics.com/2010BornsJewishStudiesPlot.pdf

58　Boris Karloff

59　"Dov-Ber Kerler": http://www.indiana.edu/~alldrp/members/kerler.html

60　"Friends of Yerusholaymer Almanakh": http://www.facebook.com/group.php?gid=33852296133

61　טאפלפונקט, コロン記号「：」を意味する。

62　Yaakov Besser

63　(Lev-Ari, 24 December 2006, Haaretz.com)

64　2008年9月14日と18日に訪問した。聞き取りはイディッシュ語で実施した。

65　Rachel Rojanski（Gotesman 2008）

66　イディッシュ語の個人出版が自己目的化する中で、近年イディッシュ語についてヘブライ語で論じる雑誌が出版されている。ハイファ大学やテルアヴィヴ大学などが共同で発行している学術誌『チェーン』（Khulyot, 1993～）や、ショレム・アレイヘム・ハウスの機関誌『ダフカ』（Davka, 2006～）などである。

67　(Rojanski, 13 February 2009, Haaretz.com)

68　Leyvik House

69 (Rojanski 2009)
70 Galay（13-19 February 2009, *Forverts*）; Gotesman（13-19 February 2009, *Forverts*）; Luden（13 February 2009; *Forverts; Lebns-fragn*, Jun-July, 2009）; Rojanski（13 February 2009, *Haaretz*）
71 (Rojanski, 13 February 2009, *Haaretz.com*) などを参考にまとめた。
72 Sokołów Podlaskiin
73 *אנדזערעס*
74 *ישראל שריפטן*
75 *ארטאפאנוס קומט צוריק אהיים*. ヘブライ語と英語に翻訳されている。
76 (Rojanski 2009)
77 "vortzoger", Gotesman, 13-19 February 2009, *Forverts*
78 "zikaron kolektivi"
79 Yahadut mizrah iropa. 東欧系ユダヤ人の歴史や文化を意味すると考えられる。
80 Daniel Galay. 2001年からレイヴィック・ハウスの代表。作曲家でピアニスト。
81 Ze'ev Tsanin
82 聞き取りは2008年8月24日6時半から2時間半にわたって実施した。
83 筆者がゼエヴにイディッシュ語の調査をしていると言うと、ゼエヴはその活動に携わるいくつかの機関や人物を挙げ、訪ねるように助言した。個人出版をはじめとしたイディッシュ語の活動にかかわる人々の間に何らかの交流があるのは間違いない。
84 Sabra. 直訳するとサボテンの実。実の外側にはとげがあるが中身は甘い。転じて外見はとげとげしいが中身は優しいイスラエル生まれのイスラエル人を意味する。
85 Itzhak Luden
86 "Bundist"（Mer, 7 May 2009, *Haaretz.com*）
87 "Luden, Itzhak": http://www.leyvik.org.il/Members.aspx?MemberID=30
88 聞き取りは2008年8月29日に実施した。
89 *Fun kholem tsu sholem*
90 (Yudelevitz, 9 August 2010, *Y.net*)
91 聞き取りは2007年6月4日と2008年8月20日に実施した。
92 彼女のように、家庭における共通の言語がイディッシュ語だけだったという例は少なくないのだが、それでもイディッシュ語は継承されにくかった。教育を受けるためにも仕事をするためにも、居住地の公用語を身につける必要が生じ、次の世代には、イディッシュ語の読み書きが定着しない傾向にあったからである。

〈Ⅲ 「魂」のための言語学習〉
1 実名掲載について本人に許可をとったが、筆者の判断により掲載しない。
2 この作品がいつ書かれたか筆者が調査した限りでは明らかにならなかった。

3 「抽象的（abstrakte）」についてドイツ語の"abstrakt"を参照すると、「理論においてのみの、現実への明瞭な関連のない」、「そこに一般妥当的な原理があらわれるような」、「いかなる事物をもあらわさない」（Götz et al. ed. 2008: 48）とあり、「抽象的な」、「非具体的な」、「概念的な」（国松 1998: 48）と和訳される。
4 (Bahat 2007: 489)
5 (Weinreich 1987: 525; Harkavy 1988: 331)
6 （上田 2010: 828）
7 （小学館国語辞典編集部 2006: 1337）
8 翻訳を避けてイディッシュ語の「ネショメ」をそのまま使用することも考えたが、読みやすくするために、「魂」という訳語をあてることにした。
9 "Daniel Libeskind": http://www.daniel-libeskind.com/studio/daniel-libeskind/
10 「ユダヤ性」、「ユダヤ教」（上田 2010: 678）と訳されるが、この講演では文脈から、イディッシュ語に表現されるような東欧系ユダヤ人独自のユダヤ性を意味していると考えられる。
11 "leyen"は「読む」、"krayz"は「サークル」。
12 "Sholem Aleykhem un Amerike." "Aleykhem"は、"Aleichem"にあたる。イディッシュ語をYIVOの方式でラテン文字化すると、"Aleykhem"となる。
13 "Mayse Tishevits"
14 Rivka Cohen. 聞き取りは2008年8月26日にエルサレムの彼女の自宅で行った。40分程度話を聞き、その後も電子メールで何度かやりとりして補足した。主にイディッシュ語、しばしばヘブライ語と英語で話した。
15 Afula
16 夫Shlomo Lerman、妻Noemi Lerman. 聞き取りは2007年12月23日にエルサレムの彼らの自宅で合計1時間程度、さらに2008年8月9日に筆者の下宿先で45分程度行った。その後も電話や電子メールでやり取りして補足した。
17 Yitskhok Niborski. イディッシュ語辞典 *Dictionary of Hebrew and Aramaic Words in Yiddish* の著者で、「読書会」の主催者エリエゼルの父親。パリ在住。
18 *Der kleyner prints*
19 イスラエルの出版社からは、出版を断られたため、ラテン文字表記も付けることを条件にドイツのM. Naumannから出版した。イスラエルでは流通されてないが、ドイツではRedlich（2006）によれば、2006年の時点で3,000冊販売された。
20 The Goldreich Families – Shalom Aleichem House Yiddish Summer Program at Tel Aviv University
21 The Goldreich Family Institute for Yiddish Language, Literature, and Culture
22 Jona & Dretta Goldreich
23 "Institute": http://www.tau.ac.il/humanities/yiddish/institute.eng.html

24	OSP School for Overseas Students
25	"International Yiddish Summer Program": http://www.tau.ac.il/humanities/yiddish/summer-index.eng.html 試験の受験は任意。筆者が参加したクラスでは十数人の受講生のうち、海外から参加していた2名の大学院生のみが受験した。受講生には単位の取得が重視されていないようで主催者もそれを承知のようである。
26	2008年は、イスラエルの大学でストライキがあった影響を受けて開催されなかったが、2009年は開催された。2010年からはホロコーストの生存者の娘であり、イディッシュ語教育者であったNaomi Prawer Kadar博士（1949～2010）の基金により2013年現在まで続いている。
27	Hana Wirth-Nesher
28	"Wirth-Nesher, Hana, Prof.": http://www.tau.ac.il/humanities/english/wirth-nesher-hana.eng.html
29	エルサレムなどでも小規模の集中講座はしばしば開かれてきたようだが、継続的なものではなかったようである。
30	The Diaspora Museum
31	The Anna and Max Webb Family Chair for Visiting Scholars in Yiddish
32	"Donors": http://www.tau.ac.il/humanities/yiddish/donors-index.eng.html 寄付者は他にも存在するが、いずれにしても東欧系ユダヤ人だと考えられる。
33	他の受講生たちはしばしば、筆者にユダヤ人かどうか、ユダヤ人でなければなぜイディッシュ語を学習するのかと質問してきた。彼らの中にイディッシュ語はユダヤ人の言語で、それに興味を持つのはユダヤ人だけだという前提があるのだろう。
34	(Greene, 26 July 2006)
35	*Second Yiddish Summer Program at Tel Aviv University*
36	"International Yiddish summer program 2007": http://www.tau.ac.il/humanities/yiddish/summer-2007.eng.html; "International Yiddish summer program 2006": http://www.tau.ac.il/humanities/yiddish/summer-2006.eng.html
37	ニューヨークやリトアニアで行われている他の夏期講座でも大学の講座でも同じである。
38	Miriam Koral. カリフォルニア大学ロサンゼルス校（UCLA）などでイディッシュ語講師をしている他、カリフォルニアイディッシュ文化言語協会（The California Institute for Yiddish Culture & Language）の役員。
39	Malka Heifetz Tussmanはウクライナで生まれ、1912年北米に移住した女性詩人。"Malka Heifetz Tussman": http://www.britannica.com/EBchecked/topic/939285/Malka-Heifetz-Tussman
40	この博物館は世界ユダヤ会議（World Jewish Congress）の当時の会長Nahum Goldmann（1894～1982）により1978年に創設された。Goldmannはユダヤ人の

シオニズム運動の指導者である。"Who was Nahum Goldmann?": http://ngfp.org/ngoldmann.htm

41　*Yidl mitn fidl*
42　かつて大ヒットした白黒のミュージカル映画。あらすじは、次のとおり。ユダヤ人男性とその美しい娘がポーランドで、東欧系ユダヤ音楽クレズマーの楽団として生計を立てていた。父親は、娘に自分が選んだ者以外の男性がよりつかないようにと、彼女を男の子に変装させる。しかし、父親の思うようにはいかず、娘は自分で選んだ男性と駆け落ちし、アメリカにわたって歌手となる。
43　(Eilat 1966: 5-7)
44　(Shalom, 15 May 2003, *Haaretz.com*)
45　聞き取りで使った言語は彼女の第一言語のヘブライ語である。母語は聞きそびれてしまったが、彼女はカナダにいる母親とはドイツ語で話している。
46　*Beth Shalom Aleichem be shnat tashmat*
47　Shalom Asch（1880〜1957）
48　Hanan Bordin
49　*Mit vort un maysim*
50　Itzik Manger（1901〜1969）、Isaac Leib Peretz（1852〜1915）
51　Abraham Sutzkever（1913〜2010）
52　"Di froy in der shtroyener paname"
53　2008年1月13日に彼の研究室でイディッシュ語で聞き取りした。
54　Nevzlin Research Center
55　Oren Roman. 2007年11月1日に彼の職場でイディッシュ語で聞き取りした。
56　"a shprakh vos shterbt oys"
57　land
58　Samuel Barnai. 2007年10月31日に彼の職場で英語で聞き取りした。
59　イスラエルではヘブライ語の会話の中で、しばしばイディッシュ語の単語を交え、冗談を言ったり、くだけた表現をしたりすることがある。

参考文献

Aronson, Howard I. (1996) "Yiddish" In Daniels, Peter T. and Bright, William ed. *The world's writing systems*. New York: Oxford University press: 735-742.

Ackerman, Surie (1991) "Devotion to a 'dying' language." *The Jerusalem Post International Edition*. (22 November).

Alroey, Gur (2004). אימיגרנטים. [Immigrants]. Jerusalem: Yad Ben-Zvi Press.

Baltman, Daniel (2010) "Bund" YIVO Encyclopedia of Jews in Eastern Europe <http://www.yivoencyclopedia.org/article.aspx/Bund> YIVO Institute for Jewish Research (2013年8月23日参照).

Bahat, Shoshana and Mordechay Mishor (2007). מילון ההווה. [Dictionary of Contemporary Hebrew], Jerusalem: Eitav Publishing House Ltd.

Berman-Assouline, Dalit (2007). שימור ותמורה ביידיש החרדית בישראל. [Linguistic Maintenance and Change in Israeli Haredi Yiddish]. Ph.D. dissertation, Jerusalem: the Hebrew University of Jerusalem.

Bogoch, Bryna (1999) "Gender, Literacy, and Religiosity: Dimensions of Yiddish Education in Israeli Government-Supported Schools." In *International Journal of the Sociology of Language* 138: 123-160.

Bordin, Hanan (2000). מיט ווארט און מעשים. [With word and acts]. Jerusalem

Chartier, Roger et al. ed. (1997) *Histoire de la Lecture dans le Monde Occidental*. Paris: Seuil. 田村毅他訳、『読むことの歴史：ヨーロッパ読書史』、東京：大修館書店 ［2000］。

Dunitz, Mordechai (2009) "וועלט-קאָנגרעס פאַר יידישע וויסנשאַפטן אָפּגעהאַלטן אין ירושלים". [The World Congress of Jewish Studies was held in Jerusalem]. *Forverts* (14-20 August).

─── (2010) "בית שלום-עליכם אין תל-אָבֿיב.". [Shalom Aleichem house in Tel-Aviv]. <http://yiddish.forward.com/node/3085> *Forverts*. (30 July) (2010年9月28日参照).

Eilat, Eliyahu (1966) "בית שלום-עליכם". [Shalom Aleichem House]. *Di Goldene keyt* 56: 5-7.

Febvre, Lucien and Henri-Jean Martin (1958) *L'apparition du livre*. Paris: Albin Michel. 『書物の出現』関根素子他訳、東京：筑摩書房 ［1998］。

Fishman, Joshua A. and Fishman, David E. (1978) "Yiddish in Israel: a Case Study of Efforts to Revise a Monocentric Language Policy." In Joshua A. Fishman ed., *Advances in the Study of Societal Multilingualism*: 185-262. The Hague: Mouton.

Fishman, Joshua A. (1980) "Attracting a Following to High-Culture Functions for a Language of Everyday Life: the Role of the Tshernovits Language Conference in the 'Rise of Yiddish.'" In *International Journal of the Sociology of Language* 24: 43-73.

―――― ed. (1981) *Never Say Die: A Thousand Years of Yiddish in Jewish Life and Letters*. The Hague: Mouton.

―――― (1991a) *Reversing Language Shift: Theory and Practice of Assistance to Threatened Languages*. Clevedon: Multilingual Matters.

―――― (1991b) *Yiddish Turning to Life*. Amsterdam / Philadelphia: John Benjamins Publishing Company.

Galay, Daniel (2009) ".מרדכי צאנין ניטא מער מיט אונדז" [Mordechai Tsanin is no longer with us]. *Forverts*. (13-19 February).

Goerwitz, Richard L. (1996) In Daniels, Peter T. and Bright, William ed. *The world's writing systems*. New York: Oxford University Press: 485-498.

Götz, Dieter et al. ed. (2008) *Großwörterbuch Deutsch als Fremdsprache*. Berlin und Muenchen: Langenscheidt.

Gotesman, Itzik (2008) "פראפ רחל ראשאנסקי: נייע דירעקטארין פון יידיש אינסטאנץ אין ישראל." [Prof. Rachel Rojanski: the new director of the Yiddish department in Israel]. *Forverts*. (19-25 December).

―――― (2009) "מרדכי צאנין געשטארבן אין ישראל." [Mordechai Tsanin dead in Israel]. *Forverts*. (13-19 February).

Goodman, Matthew et al. (1998) "The Story of the Jewish Labor Bund, 1897-1997." Digital Exhibitions. YIVO. <http://www.yivoinstitute.org/digital_exhibitions/index.php?mcid=76&oid=10> (2010年9月28日参照).

Greene, Adinah (2006) "TA University Wraps up Summer Yiddish Program." *The Jerusalem Post* <http://www.tau.ac.il/humanities/yiddish/files/Press%20coverage.pdf> (26 July) (2010年9月28日参照).

Harkavy, Alexander (1988) *ייִדיש ענגליש העברעאישער ווערטערבוך*. [Yiddish-English-Hebrew Dictionary] 2nd ed. [Hardcover]. YIVO Institute for Jewish Research. New York: Schocken Books [1928].

Harshav, Benjamin (1999) *The Meaning of Yiddish*. California: Stanford University Press.

Hitron, Hagai (2006) "Studying the 'Missing Piece of the Puzzle'." <http://www.haaretz.com/print-edition/news/studying-the-missing- piece-of-the-puzzle-1.192862> *Haaretz.com*. (12 July) (2009年1月1日参照).

―――― (2006) "לומדים דקדוק ותרבות, ומסיימים בשאבעס טיש." [Study grammar and culture, then complete with shabbat table] <http://www.haaretz.co.il/hasite/spages/740140.html> *Haaretz.com*. (19 July) (2009年1月1日参照).

Issacs, Miriam(1998)"Yiddish in the Orthodox Communities of Jerusalem." In *Politics of Yiddish*: 85-96.

――― (1999)"Contentions Partners: Yiddish and Hebrew in Haredi Israel." In *International Journal of the Sociology of Language* 138: 101-121.

Kerler, Dov-Ber(2010)"Kerler, Yoysef." YIVO Encyclopedia of Jews in Eastern Europe <http://www.yivoencyclopedia.org/article.aspx/Kerler_Yoysef>(18 August)(2010年12月21日参照).

Lermann, Shlomo(2000).דער קליינער פרינץ [The little prince, a translated work]. Antoine de Saint-Exupery. Nidderau: M. Naumann. [1943].

Levy, Yaakov(1999)*Oxford Dictionary: English-Hebrew / Hebrew-English*.(Hebrew Edition). [Paperback] Jerusalem: Kernermann Publisher.

Lev-Ari, Shiri(2006)"73. בן ,בסר יעקב והעורך המתרגם ,המשורר מת" [The Death of the poet, the translator and the editor Jacob Besser, 73]. *Haaretz.com*.(24 December)<http://www.haaretz.co.il/hasite/spages/804957.html>(2010年10月22日参照).

Luden, Itzhak(1996)".ישראל אין פרעסע יידישע דער פון לאגע די" [The situation of Yiddish press in Israel]. *Yidishe Kultur*.(March-April): 55-59.

――― (2009a)". צאנין מיינט – ייִדיש" [Yiddish – means Tsanin]. <http://yiddish.forward.com/node/1886 > *Forverts.com*.(13 February).(2010年1月1日参照).

――― (2009b)"1906-2009 צאנין מרדכי." [Mordechai Tsanin]. In *Lebens-fragn* 673-677: 5-7.

Mer, Benny(2009)"Yiddish / Can't make a shtreimel from a pig's tail." <http:// www.haaretz. com/hasen/spages/1097641.html> *Haaretz.com*.(7 May)(2010年1月1日参照).

Mishal, Nissim(2008)"Yerushalaim shel zahav" [Jerusalem of gold]. In *Israel 60, Those were the years*. Tel-Aviv: Yedioth books: 145.

Nekvapil, Jiří(2003)"Language Biographies and the Analysis of Language Situations: on the Life of the German Community in the Czech Republic." In *International Journal of the Sociology of Language* 162: 63-83.

Newman, Zelda Kahan(2009)"Rivka Basman Ben-Hayim." Jewish Women: A Comprehensive Historical Encyclopedia/ Jewish Women's Archive. <http://jwa.org/encyclopedia/article/basman-ben-hayim-rivka>.(2010年10月1日参照).

Niborski, Yitskhok(1997).ייִדיש אין ווערטער שטאמיקע־קודש־לשון פון ווערטערבוך [Dictionary of Hebrew and Aramaic Words in Yiddish]. Paris: Medem.

Noverstern, Avraham(2007a)".ביידיש ההשכלה ספרות" [Emancipation literature in Yiddish]. In Yirmiyahu, Yoel ed. אנציקלופדי מבט – חילוני בעידן יהודית תרבות : חדש יהודי זמן [A new Jewish time: Jewish culture in a secular age – an encyclopedic look]. Jerusalem: Keter,

Vol.3: 41-46.

―――― (2007b) "הרומנטיקה בספרות ייידש." [Romanticism in Yiddish literature]. In Yirmiyahu, Yoel ed. *זמן יהודי חדש: תרבות יהודית בעידן חילוני – מבט אנציקלופדי*. [A new Jewish time: Jewish culture in a secular age – an encyclopedic look]. Jerusalem: Keter, Vol.3: 78-83.

―――― (2007c) "התיאטרון המודרני ביידיש." [Modern theater in Yiddish]. In Yirmiyahu, Yoel ed. *זמן יהודי חדש: תרבות יהודית בעידן חילוני – מבט אנציקלופדי*. [A new Jewish time: Jewish culture in a secular age - an encyclopedic look]. Jerusalem: Keter, Vol.3:123-128.

―――― (2007d) "מודרניזם יידי במזרח אירופה." [Yiddish Modernization in Eastern Europe]. In Yirmiyahu, Yoel ed. *זמן יהודי חדש: תרבות יהודית בעידן חילוני – מבט אנציקלופדי*. [A new Jewish time: Jewish culture in a secular age – an encyclopedic look]. Jerusalem: Keter, Vol.3:166-169.

―――― (2007e) "מודרניזם יידי בארצות הברית." [Yiddish Modernization in the United States]. In Yirmiyahu, Yoel ed. *זמן יהודי חדש: תרבות יהודית בעידן חילוני – מבט אנציקלופדי*. [A new Jewish time: Jewish culture in a secular age – an encyclopedic look]. Jerusalem: Keter, Vol.3:169-172.

―――― (2007f) "ספרות השואה ביידיש." [Holocaust literature in Yiddish]. In Yirmiyahu, Yoel ed. *זמן יהודי חדש: תרבות יהודית בעידן חילוני - מבט אנציקלופדי*. [A new Jewish time: Jewish culture in a secular age - an encyclopedic look]. Jerusalem: Keter, Vol.3: 214-219.

Peltz, Rakhmiel (1998) *From Immigrant to Ethnic Culture: American Yiddish in South Philadelphia*. Stanford: Stanford University Press.

Pilowsky, Arye L. (1985) "Yiddish alongside the Revival of Hebrew: Public Polemics on the Status of Yiddish in Eretz Israel, 1907-1929." In Fishman, J. A. ed., *Readings in the Sociology of Jewish Languages*. Leiden: Brill: 104-124.

Portnoy, Pesie (2009) "דער ייִדיש טרעגער – מענדי כהאן." [Mendy Cahan – the Yiddish carrier] *Forverts* (15-21 May).

Rebin, Eliot (n.d.) "פאר וואָס איך לערן זיך ייִדיש." [Why do I study Yiddish] In Trinh, Miriam and Niborski, Eliezer, *לערנהעפט פארן קלאס מיטנדיקע 2*. [Learning book for the middle class 2] Tel-Aviv.

Redlich, Shimon (2006) "The Joys of Yiddish." <http://www.haaretz.co.il/hasite/spages/760496.html> *Haaretz.com*. (8 September). (2009年1月1日参照).

Rojanski, Rachel (2004) "The Status of Yiddish in Israel, 1948-1958: An Overview" In: Sherman, Joseph ed. *Yiddish after the Holocaust*, Oxford: Boulevard Books and the Oxford Center for Hebrew and Judaic Studies: 46-59.

―――― (2005a) "Status of Yiddish in Israel, 1948-1951: An Overview." *The Mendele Review* 154 (14 February).

——— (2005b) "האמנם 'שפה זרה וצורמת'? לשאלת יחסו של בן-גוריון ליידיש לאחר השואה." [Really a 'foreign and grating language'? On Ben-Gurion's attitude to Yiddish after the Holocaust], In *Iyunim Bitkumat Israel* 15: 463-482.

——— (2007) "The Final Chapter in the Struggle for Cultural Autonomy: Palestine, Israel and Yiddish Writers in the Diaspora, 1946-1951." In *Journal of Modern Jewish Studies* Vol.6, 2: 185-204. <http://www.tandf.co.uk/journals DOI: 10.1080/14725880701423071>

——— (2009) "שומר הזיכרון" [The memory keeper] <http://www.haaretz.co.il/hasite/pages/ShArt.jhtml?itemNo=1063695>. *Haaretz.com*.（13 February）（2009年3月15日参照）.

Roskies, David G.（2010）"Manger, Itsik." The YIVO Encyclopedia of Jews in Eastern Europe <http://www.yivoencyclopedia.org/article.aspx/Manger_Itsik>（2010年1月1日参照）.

Rotman, Diego（2004）– ייִדיש טעאַטער אין מדינת ישראל: צו דער רעטאָרישער קאָנסטרוקציע פֿונעם ייִדיש טעאַטער אין אַן איינשפּראַכיקן קולטור-מיליע 1948-2003. [Yiddish theater in the State of Israel: to the rhetorical construction of Yiddish theater in a monolingual multiculture 1948-2003]. Master's Thesis. The Hebrew University of Jerusalem.

Sadan, Dov（1972）"אויף דער שוועל ביַי זיך." [On the doorstep of *Bay zikh*]. In *Bay zikh* 1: 2.

Shalom, Efrat（2003）"חוזרים להרשל'ה: צעירים אשכנזים מחפשים את השורשים היידישאיים שלהם עוד באירופה." [Going back to Hereshele Ostropoler: Young Ashkenazies are looking for their Yiddish roots in Europe] <http://www.haaretz.co.il/hasite/pages/ShArtPE.jhtml?itemNo=293713> *Haaretz.com*.（15 March）（2010年12月22日参照）.

Shalom-Aleichem（1997）מאָטל פּייסע דעם חזנס. [Motl Peyse, the cantors son]. Jerusalem: Hebrew University of Jerusalem.

Shaechter, Mordkhe（1999）דעקר איינהייטלעכער ייִדישער אויסלייג. [The standardized Yiddish orthography]. 6th ed. New York: YIVO.

Shneyerson, M et al.（1952）"צו דער עפֿענונג פֿון דער ייִדיש קאַטעדרע אין ירושלימער אוניווערסיטעט." [On the inauguration of the Yiddish chair at the university in Jerusalem] In *Di Goldene keyt* 11: 187-201.

Slucki, David（2009）"The Bund Abroad in the Postwar Jewish World" In *Jewish Social Studies* Vol. 16, 1: 111-144.

Spolsky, Bernard（2004）*Language Policy*, Cambridge: Cambridge University Press

Spolsky, Bernard and Shohamy, Elana Goldberg（1999）*The Languages of Israel: Policy, Ideology, and Practice*. Clevedon: Multilingual Matters.

Stoil, Rebecca Anna（2009）"Mir Redden Yiddish in der Knesset." <http://www.jpost.com/servlet/Satellite?pagename=JPost/JPArticle/ShowFull&cid=1242212427981>

Jerusalem Post online edition.（21 May）（2010年10月22日参照）.

―――（2009）"MKs Celebrate the 'Mamaloshen'." <http://www.jpost.com/Home/Article. aspx?id=143568> *The Jerusalem Post online edition*.（26 May）.（2010年10月22日参照）.

Szeintuch, Yechiel（1976）".ייִדיש לימוד אין ישראלישער מיטלשול דערציוונג" [Yiddish studying in middle school education in Israel] In *Di Goldene keyt*: 51-60.

―――（1977）"צו שפעט?" [Too late?] In *Bay zikh* 9-10: 217-224.

―――（2009）".ייִדיש אין העברעישן אוניווערסיטעט מער נישט אין אומאָפּהענגיקן אָפּטייל" [Yiddish in Hebrew University is no more independent department] *Forverts*（13-19 March）.

The Central Bureau of Statistics（2010）, *Statistical Abstract of Israel 2009*, Jerusalem.

Trinh, Miriam and Niborski, Eliezer（2007）".קינדרלעך" [Children] <http://www.haaretz. co.il/hasite/pages/ShArtPE.jhtml?itemNo=811899&contrassID=2&subContrassID=13 &sbSubContrassID=0> *Haaretz.com*.（2009年1月1日参照）.

―――（2007）*.2 לערנהעפֿט פֿאַר קלאַס מיטנדיקע* [Learning book for the middle class 2] Tel-Aviv

Tsunoda, Tasaku（2005）*Language Endangerment and Language Revitalization*. Berlin: Mouton de Gruyter.

Ueda, Kazuo（1991）*Transcription of Yiddish Dramas which Kafka Saw into Roman Script with Glossary*. Vol. 1. Nishimura Printing House.

―――（1992）*Transcription of Yiddish Dramas which Kafka Saw into Roman Script with Glossary*. Vol. 2. Nishimura Printing House.

―――（1994）*Transcription of Yiddish Dramas which Kafka Saw into Roman Script with Glossary*. Vol.3. Kijima Printing House.

―――（2000）*Transcription of Yiddish Dramas which Kafka Saw into Roman Script with Glossary*. Vol.4. Kijima Printing House.

Webster, *Webster's New International Dictionary*. Merriam-Webster' Online search <http:// www.merriam-webster.com/info/commitment.htm>.

Weinreich, Max（1945）"Der YIVO un problemen in unzere tsayt"（The YIVO and problems in our time）In: *YIVO Bleter*（vol. 25 nr. 1）.

―――（1973）.שפּראַך ייִדישער דער פֿון געשיכטע [History of the Yiddish Language] Vol. 1.

Weinreich, Uriel（1968）.ווערטערבוך ענגליש ייִדיש ייִדיש ענגליש מאָדערן [Modern English-Yiddish / Yiddish-English Dictionary], [Hardcover], YIVO Institute for Jewish Research, New York: Schocken.

―――（1979）*College Yiddish: An Introduction to the Yiddish Language and to Jewish Life and Culture*. New York: YIVO Institute for Jewish Research.

Yanasowicz, Itzhak（1973）".ישראל אין קולטור ייִדישער פֿאַר קאָמיטעט פֿון אַקטיוויסטן" [Activists of committee for Yiddish culture in Israel] In *Bay zikh*, 2: 113.

Yudelevitz, Merav (2010) "פרס ממ"ס לעיתונאי והסופר יצחק לודן". [The prize for the journalist and writer Itzhak Luden] <http://www.ynet.co.il/articles/0,7340,L-3932464,00.html> (9 August) *Y.net*.（2010年12月22日参照）.

Yungman, Moyshe (1982) "דרײַסיק יאָר יונג ישׂראל.". [Thirty years Young-Israel] In *Di Goldene keyt* 108: 59-66.

Zamertet, Zvi (2002) *The Melting Pot in Israel: the Commission of Inquiry Concerning Education in the Immigrant Camps During the Early Years of the State*. New York: State University of New York Press.

Zuckermann, Ghil'ad (2008) ישראלית שפה יפה. [Israeli ― A beautiful language]. Tel Aviv: Am Oved.

〈和文〉

赤尾光春（2005）『帰還と離散のはざまで：ウクライナ一地方都市におけるユダヤ人巡礼の民族誌』、博士論文、総合研究大学院大学

池田明史 編著（1994）『現代イスラエル政治』、千葉：アジア経済研究所

市川裕（2009）『ユダヤ教の歴史』、東京：山川出版社

市川裕 他（2006）『ユダヤ人のアイデンティティ問題から見た近代国民国家の理念と現実』、平成15年度〜平成17年度科学研究補助金基盤研究（B）研究成果報告書

─── 他（2008）『ユダヤ人と国民国家：「政教分離」を再考する』、東京：岩波書店

上田和夫（1985）『イディッシュ語文法入門』、東京：大学書類

───（1988）「イディッシュ語」『言語学大辞典 第1巻 世界言語編（上）』、615-633、東京：三省堂

───（1992）「ユダヤ諸語」『言語学大辞典 第4巻 世界言語編（下-2）』、600-612、東京：三省堂

───（1996）『イディッシュ文化：東欧ユダヤ人のこころの遺産』、東京：三省堂

───（2010）『イディッシュ語辞典』、東京：大学書林

臼杵陽（2009）『イスラエル』、東京：岩波書店

鴨志田聡子（2004）『言語的故地巡礼：東欧系ユダヤ人のリトアニアにおけるイディッシュ学習の場合』修士論文、中京大学

───（2005）「言語的故地巡礼：東欧系ユダヤ人とイディッシュ語」In『社会言語学』5: 25-33

国松孝二（1998）『独和大辞典』第2版、東京：小学館［1985］

小学館国語辞典編集部（2006）『精選版 日本国語大辞典』第2版、東京：小学館

立山良司（2000）『揺れるユダヤ人国家：ポスト・シオニズム』、東京：文春新書

─── 編著（2012）『イスラエルを知るための60章』、東京：明石書店

田中克彦（1981）『ことばと国家』、東京：岩波書店

中野曉雄（1988）「アラビア語」,『言語学大辞典 第1巻 世界言語編（上）』: 462-483、東京：三省堂
永嶺重敏（1997）『雑誌と読者の近代』、東京：日本エディタースクール出版部
西成彦（1995）『イディッシュ　移動文学論〈1〉』、東京：作品社
西村木綿（2011）「『イディッシュ労働者』運動としてのブンド」In：『シオニズムの解剖：現代ユダヤ世界におけるディアスポラとイスラエルの相克』、京都：人文書院
沼野充義 編（1999）『ユダヤ学のすべて』、東京：新書館
早尾貴紀（2008）『ユダヤとイスラエルのあいだ：民族/国民のアポリア』、東京：青土社

〈ウェブサイト〉

"About Beit Hatfutsot"（2010）Beit Hatfutsot [Diaspora Museum] <http://www.bh.org.il/about-us.aspxAbout Beit Hatfutsot>（2010年8月17日参照）

"The Almanakh"（2010）Yerusholaymer Almanakh <http://yiddish-almanach.org/index.php/the-yerusholaymer-almanakh/>（2010年8月17日参照）

"Avrom Sutzkever"（2010）Encyclopædia Britannica Online.<http://www.britannica.com/EBchecked/topic/575849/Avrom-Sutzkever>（2010年7月15日参照）

"BGU Establishes New Center for Yiddish Studies"（2010）Ben-Gurion University of the Negev.<http://www.aabgu.org/media-center/news-releases/ben-gurion-university-of-the-1.html> 15 January（2010月7月5日参照）

"Borns Jewish Studies Program"（2010）Borns Jewish Studies Program.< http://www.holocaustinthebaltics.com/2010BornsJewishStudiesPlot.pdf>（2011年1月10日参照）

"Daniel Libeskind, B.Arch. M.A."（2010）Studio Daniel Libeskind.<http://www.daniel-libeskind.com/studio/daniel-libeskind/>（2010年11月8日参照）

"David Roskies"（2009）The Jewish Theological Seminary. <http://www.jtsa.edu/ x1346.xml?ID_NUM =100490> March 2009（2010年7月5日参照）

"Donors"（2010）The Goldreich Family Institute. <http://www.tau.ac.il/humanities/yiddish/donors-index.eng.html>（2010年7月5日参照）

"Dov Ber Kerler"（2010）Indiana University. <http://www.indiana.edu/~alldrp/members/kerler.html>（2010年8月17日参照）

"Dov Sadan"（2010）Knesset Website. <http://www.knesset.gov.il/mk/eng/mk_eng.asp?mk_individual_id_t=534>（2010年7月5日参照）

"The Dov Sadan Project for Yiddish Studies"（2010）The Dov Sadan Project. <http://www.hum.huji.ac.il/units.php?cat=2932&incat=0>（2010年7月5日参照）

"Friends of Yerusholaymer Almanakh"（2010）Facebook. <http://www.facebook.com/group.php?gid=33852296133>（2010年12月5日参照）

"The Goldreich Family Institute for Yiddish Language, Literature, and Culture at Tel Aviv

University"（2010）The Goldreich Family Institute. <http://www.tau.ac.il/humanities/yiddish/institute.eng.html>（2010年7月5日参照）

"The Hebrew University of Jerusalem Literature Department"（2010）The Hebrew University of Jerusalem Literature Department. <http://www.hum.huji.ac.il/units.php?cat=500&incat=499>（2010年11月8日参照）

"I.L. Peretz"（2010）Encyclopædia Britannica Online. <http://www.britannica.com/EBchecked/topic/451392/I-L-Peretz>.（2010年8月23日参照）

"Index to Yiddish Periodicals"（2010）Index to Yiddish Periodicals. <http://yiddish-periodicals.huji.ac.il/>（2010年11月8日参照）

"Institute"（2010）The Goldreich Family Institute. <http://www.tau.ac.il/humanities/yiddish/institute.eng.html>（2010年7月5日参照）

"Internet Development Fund"（2010）Internet Development Fund. <http://internetdevelopmentfund.com/>（2010年11月8日参照）

"International Yiddish Summer Program 2006"（2010）The Goldreich family institute. <http://www.tau.ac.il/humanities/yiddish/summer-2006.eng.html>（2010年7月5日参照）

"International Yiddish Summer Program 2007"（2010）The Goldreich family institute. <http://www.tau.ac.il/humanities/yiddish/summer-2007.eng.html>（2010年7月5日参照）

"Isaac Bashevis Singer — Banquet Speech"（2010）Nobelprize.org. <http://nobelprize.org/nobel_prizes/literature/laureates/1978/singer-speech.html>（2010年9月24日参照）

"Israel"（2009）Lewis, M. Paul ed., Ethnologue: Languages of the World, Sixteenth edition. Dallas, Tex.: SIL International. < http://www.ethnologue.com/show_country.asp?name=IL>（2010年7月5日参照）

"The Jerusalem Conference: A Century of Yiddish 1908-2008"（2010）Dov Sadan Project. <http://www.hum.huji.ac.il/units.php?cat=2934&incat=2932>（2010年9月28日参照）

"Jewish Language Research Website"（2010）Jewish Language Research Website. <http://www.jewish-languages.org/yiddish.html>（2010年7月5日参照）

"Jewish National and University Library Online Catalog"（2010）Jewish National and University Library. < http://aleph500.huji.ac.il/F/?func=find-b-0&local_base=nnlall&con_lng=heb>（2010年7月5日参照）

"Hok Harashut Haleumit"（2010）[חוק הרשות הלאומית לתרבות היידיש, The National Authority Law for Yiddish Culture] 505 הצעות חוק הממשלה. [The proposal lists of the government law] <http://www.justice.gov.il/NR/rdonlyres/41F6DDDA-CEE5-48E6-AB2C-5919F57F88EF/20376/505.pdf>: 1046-1048. (May 17).（2011年1月10日参照）

"Kenes Yerushalaim 100 Shnot Yidish" [כנס ירושלים 100 שנות יידיש, The Conference

Jerusalem: A Century of Yiddish］（2010）Dov Sadan Project for Yiddish Studies. <http://www.hum.huji.ac.il/units.php?cat=2934&incat=2932>（2011年3月1日参照）

"Der Kleyner Prints"（2010）Amazon.de.<http://www.amazon.de/kleyner- prints- Yidish-Antoine-Saint-Exupery/dp/3933575060/ref=sr_1_2?ie=UTF8&qid=1298809977&sr=8-2>（2010年7月5日参照）

"Knesset Website"（2011）Knesset Website. < http://www.knesset.gov.il/ >（2011年2月28日参照）

"Lebns-fragn"（2010）Lebns-fragn. <http://www.lebnsfragn.com>（2010年7月5日参照）

"Luden, Itzhak"（2010）Leyvik Institute. <http://www.leyvik.org.il/ Members. aspx?MemberID=30>（2010月8月19日参照）

"Malka Heifetz Tussman"（2010）Encyclopædia Britannica Online. <http://www.britannica.com/EBchecked/topic/939285/Malka-Heifetz-Tussman>（2010月8月19日参照）

"The Mandel Institute of Jewish Studies — the Department of Yiddish"（2010）The Mandel Institute. <http://jewish.huji.ac.il/departments/yiddish.html>（2010年11月8日参照）

"Motl Peyse Dem Khazns"（2010）Amazon.com. <http: //www.amazon.com/Sholem-Aleikhem- Peyse-Khazns-Cantors-Yiddish/dp/9652239550>（2011年1月3日参照）

"Na`amat — Movement of Working Women & Volunteers"（2010）Na`amat. <http://www.naamat.org.il/index.php>.（2010年9月28日参照）

"Naomi Kadar Obituary"（2010）<http://www.legacy.com/obituaries/nytimes/obituary.aspx?n=naomi-kadar&pid=140013843> The New York Times.（February 25）（2010年8月17日参照）

"The New Almanach is out"（2010）Yerusholaymer Almanakh. <http//yiddish-almanach.org/index.php/the-yerusholaymer-almanakh/>（2010年8月17日参照）

"Offshore and Cross-Border Program"（2010）Offshore and Cross-Border Program. <http://www.holocaustinthebaltics.com/2010BornsJewishStudiesPlot.pdf>（2011年1月10日参照）

"Prof. Raanan Rein"（2010）Tel Aviv University Department of History. <http://www.tau.ac.il/~raanan/>（2010月8月19日参照）

"The Story of the Jewish Labor Bund, 1897-1997"（2010）Digital Exhibitions YIVO. <http://www.yivoinstitute.org/digital_exhibitions/index.php?mcid=76&oid=10>（2010年8月17日参照）

"Vegn undz" [וועגן אונדז, About us]（2010）*Lebns-fragn*. <http://www.lebnsfragn.com/about.html>（2010年8月17日参照）

"Who was Nahum Goldmann?"（2010）The Nahum Goldmann Fellowship Program Website. <http://ngfp.org/ngoldmann.htm>（2010年8月17日参照）

"Wirth-Nesher, Hana, Prof."（2010）Department of English and American Studies. at the

Tel Aviv University. <http://www.tau.ac.il/humanities/english/wirth-nesher-hana.eng. html> （2010年8月17日参照）

"Yerusholaymer Almanakh"（2010）Yerusholaymer Almanakh. <http://yiddish-almanach. org> （2010年8月17日参照）

"Yiddish"（2009）Lewis, M. Paul ed., Ethnologue: Languages of the World, Sixteenth edition. Dallas, Tex.: SIL International. < http://www.ethnologue.com/show_language. asp?code=ydd> （2010年7月5日参照）

"Yiddishpiel"（2010）Yiddishpiel. <http://www.yiddishpiel.co.il/index.php?page_id=9> （2010年8月17日参照）

"Der Yidisher Tam-Tam"（2010）[The Yiddish Tam Tam] <http://www.yiddishweb.com/ tamtam.htm> （2010年11月8日参照）

"Yom Tarbut Ha Yidish" [יום תרבות הייִדיש, Yiddish culture day]（2009）Knesset Website. <http://portal.knesset.gov.il/Com27alia/he-IL/Messages/26052009.htm> （26 May） （2010年11月8日参照）

"Yung Yidish"（2010）Yung Yidish. [Young Yiddish] < http://yiddish.co.il/yung-yidish/> （2010年11月8日参照）

"母語・継承語・バイリンガル教育（MHB）研究会"（2011）<http://www.mhb.jp/cat3/> （2011年1月10日参照）

〈冊子など〉

Arbeter-ring（2008）．אַרבעטער רינג פֿראַן פֿון קולטור אונטערנעמונגען פֿון קריױ סעפּ-דעצ 2008 [Arbeter-ring plan of cultural enterprise of the circle Sep-Dec 2008]. Tel-Aviv: Arbeter-ring.

Ministry of Education（2008）．ייִדיש שפה ותרבות [Yiddish – language and culture] Jerusalem: Maalot Sfarim.

Na`amat（2007）．תוכנית פעילות שבועית מועדון נעמת בית החברה שנה 2007 [Na`amat community house weekly activity program in 2007] Jerusalem: Na`amat.

Peretz Library and Publishing House（2002）．קאַטאַלאָג 2002. [Catalog 2002] Tel-Aviv: Peretz Library and Publishing House.

Shalom Aleichem House（2008）"בית שלום עליכם שנת תשס"ט.". [Shalom Aleichem House in 2008-2009] Tel-Aviv: Shalom Aleichem House.

Yidishe Kultur-Gezelshaft（2008）．ייִדישע קולטור-געזעלשאַפֿט אין ירושלים סעפּ אָקט 2008 [Yidishe Kultur-Gezelshaft in Yerushalaym Sep-Okt 2008] Jerusalem: Moadon Yidish.

Yung Yidish（2006）．פּראָגראַם נאָוועמבער דעצעמבער יונג ייִדיש ירושלים 2006 [Program November – December Yung Yidish Jerusalem 2006] Jerusalem: Yung Yidish.

〈辞書〉

Bahat, Shoshana and Mordechay Mishor (2007). *מילון ההווה.* [Dictionary of contemporary Hebrew]. Jerusalem: Eitav publishing house.

Götz, Dieter et al. ed. (2008) *Großwörterbuch Deutsch als Fremdsprache*. Berlin und Muenchen: Langenscheidt.

Harkavy, Alexander (1988). *יידיש ענגליש העברעאישער ווערטערבוך* [Yiddish-English-Hebrew Dictionary] 2nd ed. [Hardcover]. YIVO Institute for Jewish Research. New York: Schocken Books [1928].

Levy, Yaakov (1999) *Oxford Dictionary: English-Hebrew / Hebrew-English*. (Hebrew Edition). [Paperback] Jerusalem: Kernermann Publisher.

Niborski, Yitskhok (1997). *ווערטערבוך פון לשון־קדש־שטאמיקע ווערטער אין ייִדיש.* [Dictionary of Hebrew and Aramaic Words in Yiddish]. Paris: Medem.

Webster, Webster's New International Dictionary. Merriam-Webster' Online search <http://www.merriam-webster.com/info/commitment.htm>.

Weinreich, Uriel (1968). *מאָדערן ענגליש ייִדיש ייִדיש ענגליש ווערטערבוך.* [Modern English-Yiddish / Yiddish-English Dictionary], [Hardcover], YIVO Institute for Jewish Research, New York: Schocken.

上田和夫 (2010)『イディッシュ語辞典』、東京：大学書林

国松孝二 (1998)『独和大辞典』第2版、東京：小学館 ［1985］

小学館国語辞典編集部 (2006)『精選版 日本国語大辞典』第2版、東京：小学館

〈著者不明〉

n.d. (2009) "*ייִדיש צענטער אין בן גוריון אוניווערסיטעט.*" [Yiddish center in Ben-Gurion University] *Forverts*. (17-23 July).

イディッシュ語関連年表（1882～2009）

	パレスチナ・イスラエル小史	イディッシュ語教育・研究・文化・保護活動
1882	第1次アリヤーがおこる	
⋮		
1896	T. ヘルツル『ユダヤ人国家』出版	
1897	バーゼルで世界シオニスト会議が開催される ヴィルナでブントが設立される	
⋮		
1904	第2次アリヤーが起こる	
1906		
⋮		
1917	バルフォア宣言	
1919	第3次アリヤーが起こる	
1922	国際連盟、パレスチナ英国統治権承認	
1924	第4次アリヤーが起こる	
1925	ヘブライ大学開校	ヴィルナでYIVO創設
1928		
1929	第5次アリヤーが起こる	
1933	アリヤー・ベートが起こる	
1934		
1935		
1939		
1940		YIVO本部ニューヨークに移転
1941		
1945	第7次アリヤーが起こる	
1948	イスラエル独立宣言 第1次中東戦争勃発	
1949	イスラエル第1回総選挙	YIVOが教科書『カレッジ・イディッシュ』出版
1950	イスラエル帰還法制定	
1951		ヘブライ大学にイディッシュ研究科開設
1952		
1953		
1954		
1955		ブント補習校で非公式の授業開始
1956	第2次中東戦争勃発	

以下を参照し筆者作成。Bogogh（1999）、Gotesman（2009）、Luden（1996, 2009b）、Rojanski（2005a, 2009）、Shohamy and Spolsky（1999）、市川（2009 付録: 34-36, 174, 227-235, 228, 232, 262-281）、および各機関のウェブサイト。『エルサレム年鑑』は筆者の判断により2期に分けた。

モルデハイ・ツァーニン	イスラエルにおける個人出版	
		1882
		⋮
		1896
		1897
		⋮
		1904
ポーランドの町で誕生		1906
		⋮
		1917
		1919
この頃からワルシャワで活動		1922
		1924
		1925
イディッシュ語の雑誌編集にかかわり始める		1928
		1929
処女作のイディッシュ語短編集出版		1933
イディッシュ語文学を出版		1934
2冊目の小説出版		1935
ヴィルナに転居するが再びポーランドに戻る		1939
		1940
リトアニア、日本、インドなどを経由し、パレスチナに移住		1941
『前進』のポーランド特派員		1945
息子ゼエヴ誕生	◆『イラスト週刊新聞』創刊（～1949）	1948
	◎『黄金の鎖』創刊（～1997） ■『最新ニュース』創刊（～2006）	1949
	■『最新ニュース』週2回に	1950
	■内務省が『最新ニュース』の週3回発行を許可 ●イスラエルで「労働者の輪」設立 ●『人生の問い』創刊（1951～） ◇「若きイスラエル」活動開始	1951
著作集出版	■『最新ニュース』週3回発行になる	1952
	■『今日のニュース』創刊 〔『最新ニュース』の非公式日刊化、Rojanski 2005a〕	1953
	■『イディッシュ新聞』創刊 〔『最新ニュース』の非公式日刊化、Luden 1996〕 ◇『若きイスラエル』創刊（～1957）	1954
		1955
		1956

	パレスチナ・イスラエル小史	イディッシュ語教育・研究・文化・保護活動
1957		
1958		
1960		
1961	アイヒマン裁判	
1964	パレスチナ解放機構（PLO）結成	
1966		高校1校で語学講座試行 「ショレム・アレイヘム・ハウス」創設
1967	第3次中東戦争	
1968		YIVOが夏期講座開設
1969	アラファトがPLO議長に就任	
1970	イスラエル帰還法改定	テルアヴィヴ大学で非公式講座
1971		
1972		
1973	第4次中東戦争勃発	バル＝イラン大学で語学講座開設
1977		
1978	イスラエル・エジプト国交正常化合意	
1979		一部の高校で語学授業開始
1984	モーセ作戦（エチオピアのユダヤ人が移住）	教育省が教育検査官設置
1985	超正統派が大規模な改悛運動を展開し始める	
1987	第1次インティファーダが起こる	劇団「イディッシュピール」設立
1988	パレスチナ国家独立宣言	
1989		
1992		テルアヴィヴ大学で語学講座開設
1993	オスロ合意	ブントの補習校授業廃止 「若きイディッシュ」創設
1994	パレスチナ自治拡大協定 イスラエル・ヨルダン平和条約	語学授業の開講校と生徒の数が最多に
1995	ラビン首相暗殺	
1996		教科書『語と行為』出版 イディッシュ文化国立機関設立案国会通過
1997		
1998		
2000	第2次インティファーダ	
2002	イスラエルが「分離壁」の建設を開始	「ドヴ・サダン・プロジェクト」創設
2003		
2005	イスラエル軍がガザから撤退	「ゴールドライヒ協会」創設
2006	レバノン戦争	テルアヴィヴ大学が夏期講座開設
2008	イスラエルとハマスが停戦に合意 イスラエル軍がガザに侵攻	
2009		カリキュラム『イディッシュ：言語と文化』施行

モルデハイ・ツァーニン	イスラエルにおける個人出版	
	■内務省が『最新ニュース』の日刊化を許可 ◇『若きイスラエル』廃刊	1957
	■『最新ニュース』日刊化〔Rojanski 2005a. Luden 1996では1959年〕	1958
『最新ニュース』売却、辞書出版		1960
		1961
		1964
著作集出版、新聞連載開始		1966
		1967
		1968
	■この頃『最新ニュース』の読者が最高に（3万人）	1969
自伝出版 「レイヴィック・ハウス」創設		1970
	●『人生の問い』の編集長にイツハク・ルーデンが就任	1971
	◆『我が家で』創刊（～1989）	1972
	❖『エルサレム年鑑』第Ⅰ期創刊（～1998）	1973
『最新ニュース』の編集長退任		1977
		1978
		1979
		1984
		1985
		1987
		1988
	◆『我が家で』廃刊	1989
		1992
		1993
		1994
		1995
		1996
	◎『黄金の鎖』廃刊	1997
		1998
この年までNYの新聞『前進』に投稿	■『コロン』創刊（2000～）	2000
		2002
この頃から周囲との接触少なくなる	❖『エルサレム年鑑』第Ⅱ期開始（2003～）	2003
		2005
	■『最新ニュース』廃刊	2006
		2008
103歳で死去		2009

［著者紹介］

鴨志田聡子
〔かもしだ・さとこ〕

1979年、静岡県生まれ。2002年、早稲田大学第一文学部卒業。2005年、中京大学大学院社会学研究科修士課程修了。2011年、東京大学大学院人文社会系研究科博士課程修了、博士（文学）取得。東京大学在籍中の2006年〜2008年、エルサレム・ヘブライ大学（イスラエル）客員研究員。
著書に立山良司編著『イスラエルを知るための60章』（共著、明石書店、2012）、『Pen BOOKS ユダヤとは何か。』（共著、阪急コミュニケーションズ、2012）がある。

現代イスラエルにおける
イディッシュ語個人出版と言語学習活動

発行日
2014年2月20日 初版第1刷

著者
鴨志田聡子

発行所
株式会社 三元社
〒113-0033　東京都文京区本郷1-28-36 鳳明ビル
電話 03-3814-1867　ファックス 03-3814-0979

印刷・製本
モリモト印刷株式会社

© Kamoshida Satoko
ISBN978-4-88303-358-4
http://www.sangensha.co.jp